围棋从入门到实战高手

围棋
中盘战术

李勇 编著

吉林出版集团股份有限公司
全国百佳图书出版单位

版权所有　侵权必究

图书在版编目（CIP）数据

　围棋从入门到实战高手 . 围棋中盘战术 / 李勇编著 . -- 长春：吉林出版集团股份有限公司，2020.12
　ISBN 978-7-5581-9601-0

　Ⅰ . ①围… Ⅱ . ①李… Ⅲ . ①围棋 - 中局（棋类运动）Ⅳ . ① G891.3

　中国版本图书馆 CIP 数据核字（2020）第 270203 号

前　言

传说我国上古时期著名仁君尧帝娶了妻子宜氏，妻子生下一个儿子取名丹朱。丹朱从小性情乖戾，长大后不务正业。尧帝为儿子担心不已，就前往汾水询问仙人蒲伊，拜求仙人教授自己管教儿子的方法。

尧帝来到汾水河畔，看见有个老者坐在桧树下，用小木棍在沙地上画格子，还将黑、白小石子排列在格子中，很像是在摆弄阵图。尧帝料定老者就是蒲伊，就上前请教管教儿子的方法。蒲伊笑着说："大王的儿子非常聪明，而且喜欢与人争斗。大王应当投其所好，挖掘他的潜力，培养他的性情。"

尧帝说："还请先生教我具体方法！"

蒲伊指了指沙地上的黑、白小石子说："奥妙就在其中！"说完，蒲伊笑着离开了。

尧帝望着沙地上的黑、白小石子，开始用心思考，终于领悟出其中的奥妙。他回家后，就用文桑木做了棋盘，用犀牛角和象牙做了棋子。做成之后，棋盘、棋子看起来光彩夺目，不同凡响。

丹朱果然被独特的棋盘、棋子吸引，从此钻研围棋，并从中悟出了许多治国之道，后来成了尧帝很好的助手。

这就是关于围棋由来的传说。围棋蕴含着古代哲学中一元生两仪、两仪生四象、四象生八卦、天圆地方等含义，变化丰富，意蕴深远，魅力无穷，有着极为丰富的文化内涵。

围棋棋盘是标准正方形，由纵、横各19道线垂直、均匀相交而成，构成一幅对称、简洁而又完美的几何图形，有种浑然一体和茫然无际的气势，看着棋盘就如同仰视浩瀚苍天和俯瞰辽阔大地。

围棋对局好似整个世界只留下两位棋手，在广阔宇宙之中，把各自的智慧、勇气和毅力都尽情释放了出来。双方端坐棋盘两端，品着清茶，摇着鹅毛扇，不动一刀一枪，不流一滴血，没有一句争吵，却进行着生死较量，真是最为温情、最为阴柔、最为奇妙的了。

围棋作为我国传统文化的重要组成部分，它与太极阴阳及《易经》都相通。特别是围棋从黑、白两种棋子的排列组合中，演绎出一系列变化莫测的方阵化境。在小小的棋盘之上，从始至终都是错落有致的黑白图案，就如同一幅太极阴阳图在流转，奥妙无穷。在这变化中，可以看出运动、和谐、对称和有序的艺术，可以感受到舒缓、抑扬、狂肆的节奏。所以有人说，围棋是太极原理最直接和最形象的一种现实模型，同时也是一个微型宇宙模型，内涵无限。

小小围棋，具有休闲娱乐和游戏益智之功效，并以其特殊形式和独到品位深受现代人喜爱。各种各样的围棋活动尽展魅力，不仅可以休闲娱乐，还可以修身养性、陶冶情操、开发智力。为此，我们根据围棋基本特点、最新发展和初学者的接受能力，特别推出了"围棋从入门到实战高手"系列图书，系统介绍了围棋的基础知识、死活棋形、劫的知识、基本定式、基本布局、中盘战术、官子阶段和名局欣赏等内容，科学实用，通俗易懂，图文并茂，非常适合广大围棋爱好者入门学习和技艺提高。总之，拥有本套书，你就有了围棋方面的良师益友。

目　录

第一章　吃子方法

	01　征子 ································· 002
	02　扑 ··································· 006
	03　接不归 ····························· 010
	04　夹 ··································· 013
	05　枷 ··································· 016
	06　门吃、抱吃 ······················ 019
	07　断 ··································· 021
	08　扳 ··································· 025
	09　滚打包收 ·························· 029
	10　金鸡独立 ·························· 034
	11　黄莺扑蝶 ·························· 036
	12　逃子 ································ 039

第二章　中盘战术

	01　攻击 ································ 044
	02　打入 ································ 055
	03　拆边 ································ 060
	04　腾挪 ································ 066
	05　浅消 ································ 073

第三章　死活棋基础

	01　黑白交互下子 ··················· 082
	02　死棋与活棋 ······················ 085
	03　大眼与小眼 ······················ 093

04　死活棋思考方法 ················· 095
　　05　活棋基本形态 ··················· 098

第四章　常见死活棋
　　01　直二 ························· 108
　　02　直三 ························· 110
　　03　曲三 ························· 112
　　04　直四 ························· 113
　　05　曲四 ························· 115
　　06　丁四 ························· 117
　　07　方四 ························· 119
　　08　梅花五 ······················· 121
　　09　刀五 ························· 123

第五章　死活棋着法
　　01　点眼 ························· 126
　　02　攻杀 ························· 136
　　03　有眼杀无眼 ··················· 144
　　04　双活 ························· 149
　　05　接不归 ······················· 159

第六章　死活棋技巧
　　01　一路的妙手 ··················· 166
　　02　各类手筋 ····················· 174
　　03　利用外围棋子的关系 ··········· 178
　　04　间接反击 ····················· 181
　　05　角上的特殊性 ················· 182
　　06　弃子的妙用 ··················· 183

第一章 吃子方法

"吃子"作为围棋术语,也可称"提子",是指在实战对局中,一方将另一方一个或多个棋子紧紧包围,使其所有气数被全部堵住,随后将无气棋子拿掉。

01 征子

征子俗称"扭羊头",是一种利用对方棋子只有一口气,通过不断扭拐叫吃的吃子方法。

例一

图1-1 白1打后,黑2长,白3如打错了方向,黑4长后就逃了出来。图1-2 白3从这边打是正确的,随着白棋连续地打吃,黑棋最终只能束手就擒。

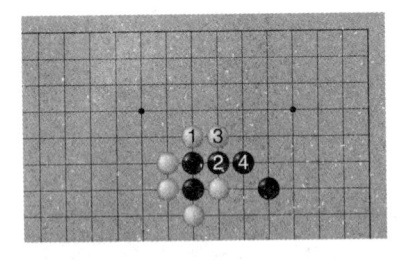

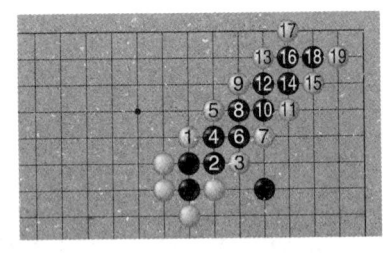

图1-1

图1-2

如果有黑△在图1-3的位置上,那将又是一个怎样的情况呢?随着白棋不断地打吃,黑棋因为有黑△一子的支援而得以逃命,图1-4所示。

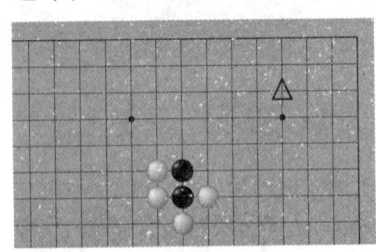

图1-3

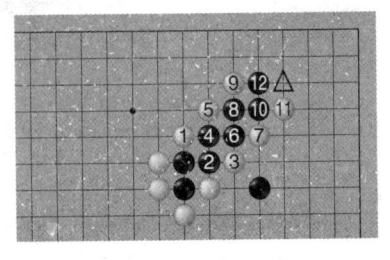

图1-4

例二

从上面的例子可以看出，利用征的手段，我们可以吃掉对方的子，但也必须看清征子的方向上有没有对方的棋子，也就是所谓的"征子是否有利"。看征子是否有利，其实很简单，如图1-5所示。

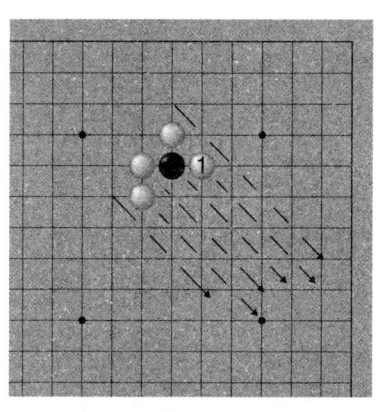

图1-5

白1如果想征死黑子，只需要看看这6条线上是否有黑子，如果有黑子，那么征子则不利；如果没有黑子，那么征子就能获得成功。

图1-6 6条线上有黑△一子，此时白1仍然不罢休，那么就是想征吃黑子。

图1-7 白1一子走到黑△一子附近时，白1一子会被黑△一子反叫吃，白棋闹了个得不偿失的局面。

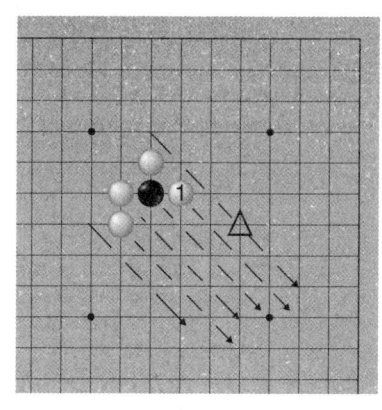

图1-6

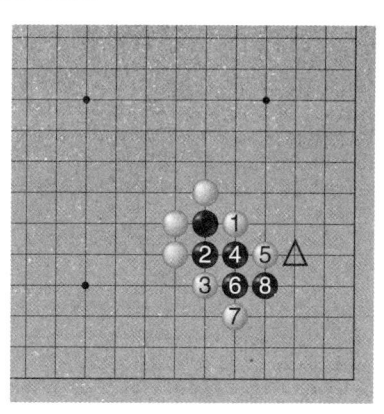

图1-7

下面我们了解一下征子不成立的三种情况。

（1）有接应子不能征

图1-8 白棋在征子路线上有△子接应，这个时候，黑棋征子不成立。

图1-9 黑1、3打吃，白2、4逃出，黑5最后打吃时，白6与接应子连接，黑棋征子失败。

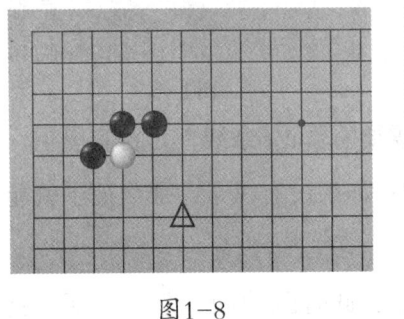

图1-8

图1-9

（2）漏气不能征

图1-10 黑棋没有看清白棋的气，就下到1位想用征子方法吃棋。结果如何呢？

图1-11 由于白棋在△处还有一口气，此时在被黑1围住之后，白棋还有两口气，至白8双打吃，因此，黑棋的征子已经

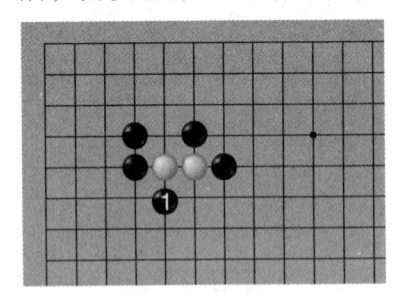

图1-10

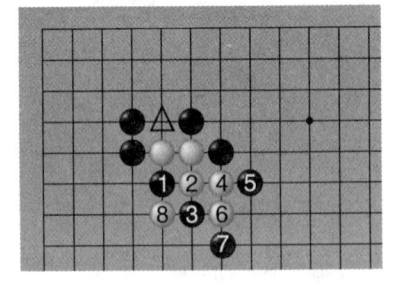

图1-11

不成立了。

（3）己方被打吃不能征

图1-12 黑棋自己棋子的气非常之少，因此不具备征子的条件。

图1-13 黑1准备用征子的方法吃白，可是白2逃，同时也打吃了黑棋，征子不成立。

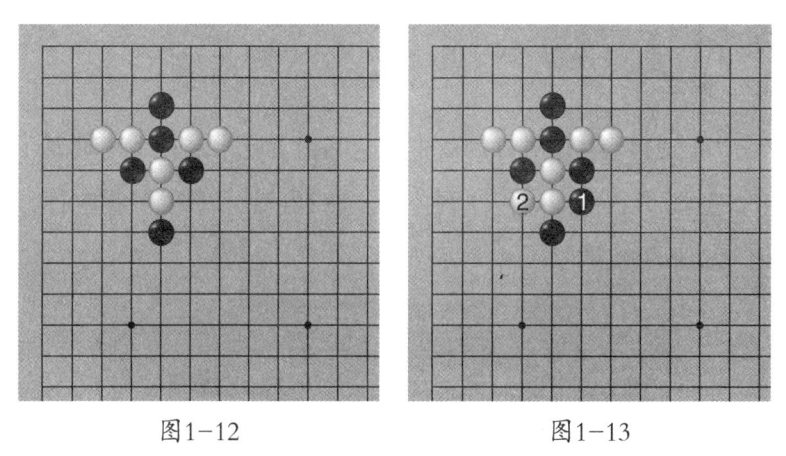

图1-12　　　　　图1-13

征子又称征、征吃、拐羊头，是围棋的基本走法之一。它既是围棋入门时候最基础的技巧，也是高手之间围绕引征钩心斗角的主线之一。大部分局部定式成立与否，以及是否可以强烈反击，都要首先把征子考虑其中。

如果可以一路顺利征死对方，称为征子有利；如果受到对方棋子影响而无法顺利完成征子，称为征子不利。若在征子路线上没有棋子或者有自己一方棋子，对征的一方有利，对被征的一方不利。

02 扑

在一些特殊的情况下,为了减少对方的气数,或者为了使对方成为假眼(几个子围住1个点,这个点就叫作眼),有意送一子给对方吃,从而达到目的,并收到效果,这样的走法叫作"扑"。

例一

图1-14 黑1在对方的口中,送给对方吃,这种下法就属于扑,这种形状术语叫作"倒扑"。白2虽然可以把黑1提吃掉,但气却被黑棋撞紧了。

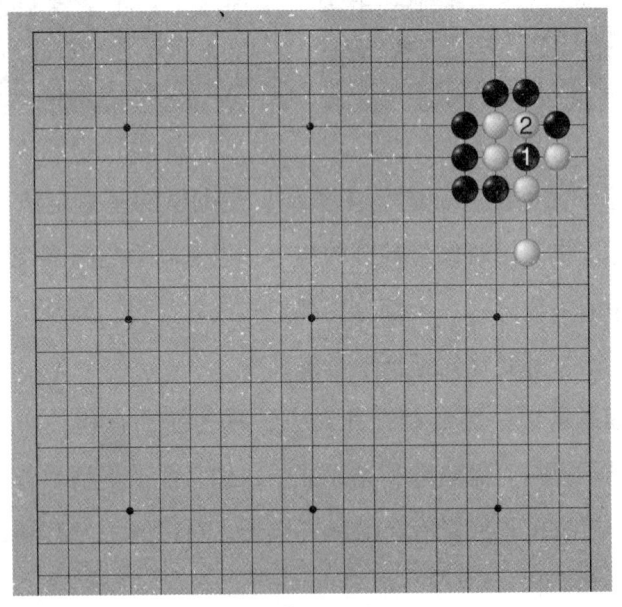

图1-14

图1-15 继前图，黑只需在3位下一子，就可以把三个白子提掉。因此前图黑1倒扑后，三个白棋已经被吃掉。

图1-16 黑1打吃，白2接牢，黑方错过了提吃的机会。

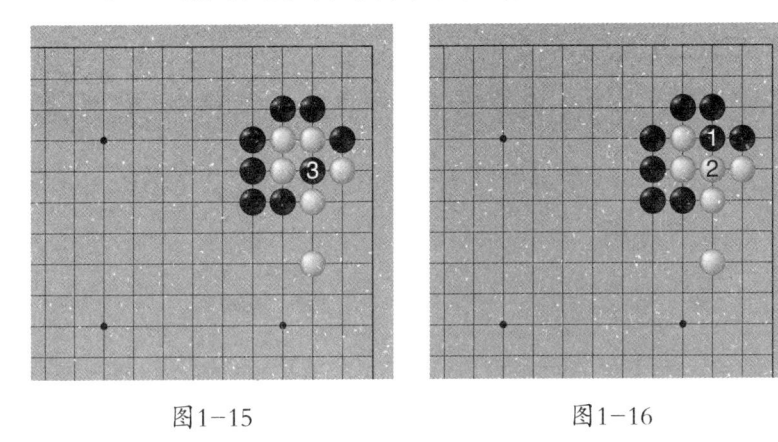

图1-15　　　　　　　图1-16

例二

图1-17 白1用倒扑手法吃四个黑棋，黑2提也于事无补。

图1-18 继前图，白再于3位下一子，便可以把五个黑棋提吃掉了。

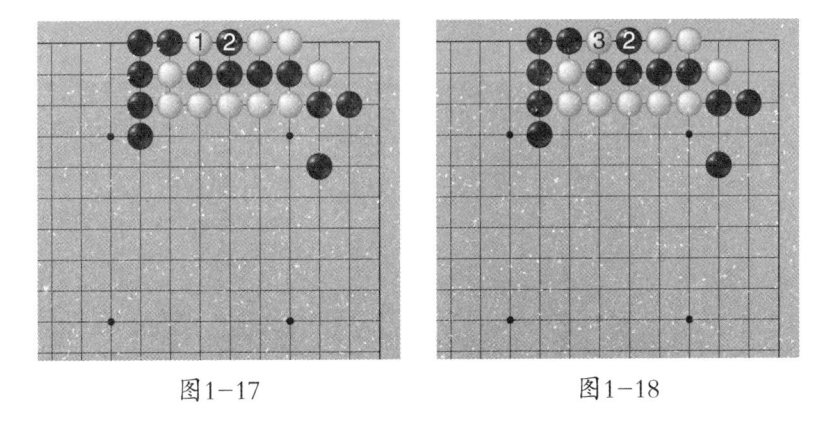

图1-17　　　　　　　图1-18

图1-19 白1也是一种倒扑，白1后，四个黑棋实际上已经被吃，黑2抵抗也是没有作用的。

图1-20 继前图，黑2提后，白走3位，其实仍然可以把黑棋全部提掉。

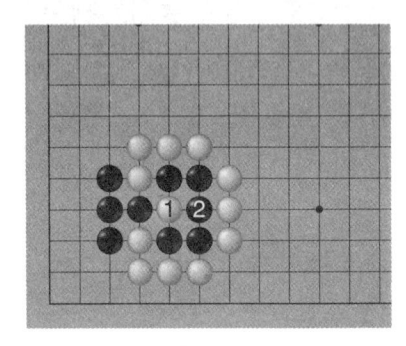

图1-19 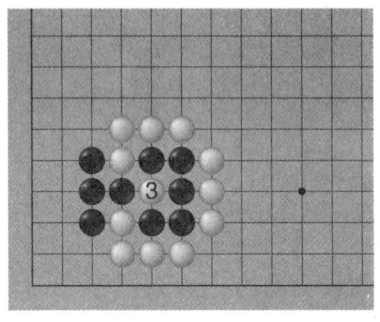　　　　　　　　图1-20

例三

图1-21 黑方运用了扑的手法，减少了黑棋的气数。黑2提吃后，白方再于3位打吃，黑棋气紧的劣势显露无遗。

图1-22 四个黑子已连接不出去了。此时，若黑4接，白方可走5位把黑棋提掉。

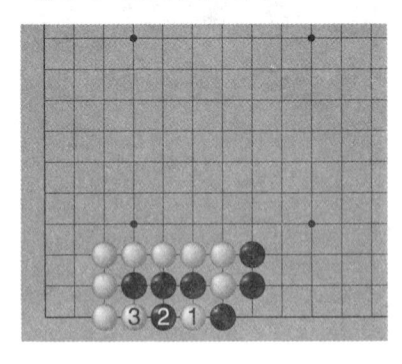

图1-21 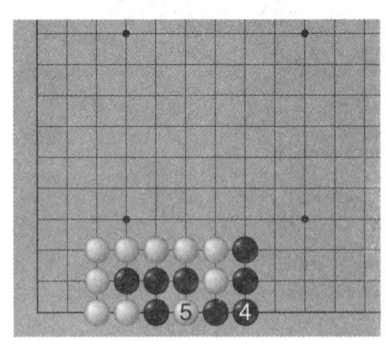　　　　　　　　图1-22

图1-23 白1是恶手,被黑2接住后,就无法提吃黑棋了。

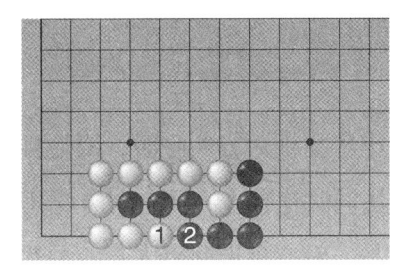

图1-23

例四

图1-24 白1扑的目的就是为了破眼,而此时黑棋只能在2位进行提吃。

图1-25 继前图白3的再度一扑,使黑棋右下的眼变成了假眼,从而导致这块黑棋因做不成两个眼而成为死棋。

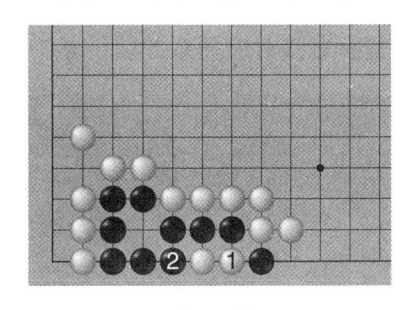

图1-24

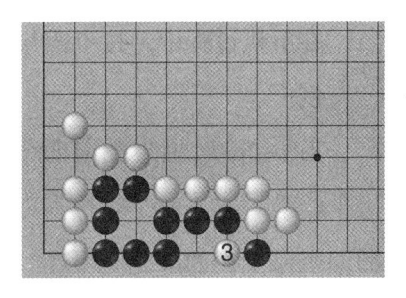

图1-25

扑又叫"扑吃",是围棋对局中经常出现的吃子手段,意思是扑入对方口中送吃,含有置之死地而后生之意。一般在围棋中,被吃棋是对己方不利的情况,但是扑的技巧正好相反,是故意往对方虎口里填子,让对方多下一子,吃下自己棋子,而造成对方棋子的气减少,使自己进一步反打吃对方棋子。

03 接不归

接不归是指棋子在被对方叫吃时,因为自身存在两个或两个以上的断点无法同时连接上,而被对方吃死的棋形。

反过来看就是,对方棋形断点太多,虽然我们无法直接去断,但经过追击,形成对方来不及连回的一种状态,造成对方一部分棋子被吃掉。

扑和接不归是经常在一起使用的组合拳,先通过扑使对方气变少,再打吃使对方变成了接不归。有时候也需要制造接不归,做准备工作让对方出现断点,然后用接不归的手段吃掉对方的棋子。

在下棋过程中,接不归与扑是有直接对应关系的。

例一

图1-26 黑棋想救出四个黑子的唯一方法就是吃掉右方的四个白子,如果此时不动,白棋一旦在"×"处下子连成一片,黑棋就无力回天了,所以黑棋必须先动手。

图1-26

图1-27 黑1冲,白2挡,黑3打时,白四子已无路可逃。白如敢在A处接上,黑就

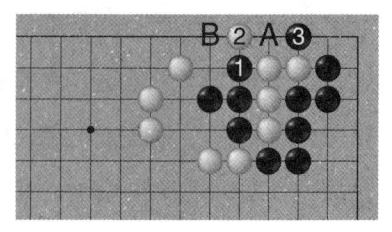

图1-27

可在B处把白子全部提掉。这种情况就称为白棋接不归。

例二

图1-28 当白1跳出想逃跑,黑2如选择了冲,白3双后,黑则一无所获。

图1-29 当白1跳时,黑2挖是好手。

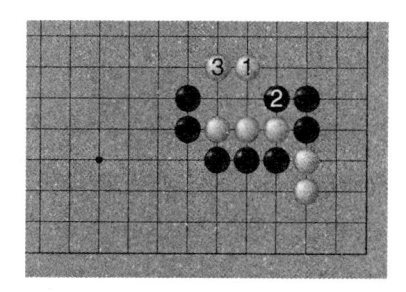

图1-28 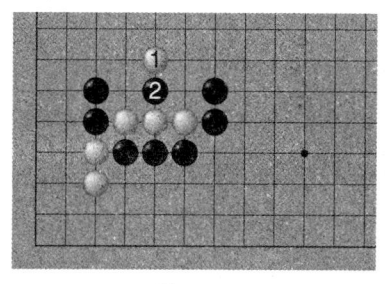　　　　　　　图1-29

图1-30 白如硬要逃。白1打吃一个黑子,黑2反打,白3提掉一个黑子,黑4再打时,白已成接不归。

例三

图1-31 黑棋被包围住的7个子余两口气,似乎很危险,其实不然,因为白棋的棋形中有两个断点,黑棋只要如图在1位打吃,白棋6个子就无法在A位接回,成为接不归。白棋如果

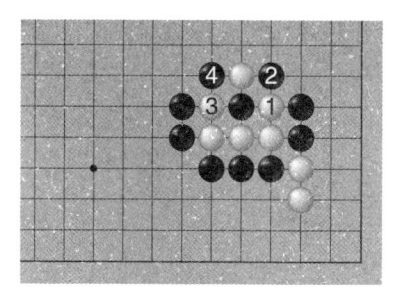

图1-30 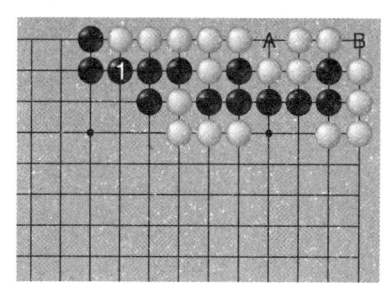　　　　　　　图1-31

强行接，黑棋会在B位提，白棋死得更多。

接不归经常与扑组合使用，如图1-32。黑棋不吃掉白△四子就会崩溃，但如何才能吃掉呢？

图1-33 黑1先扑是正确的，白2提，黑3把白棋便打成了接不归。

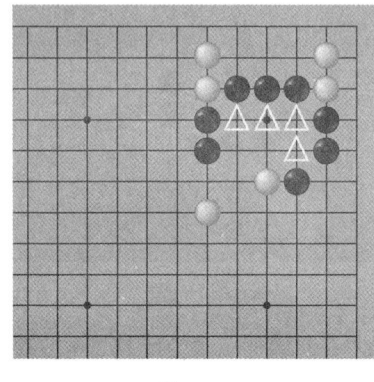

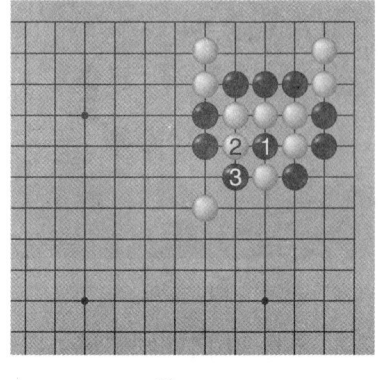

图1-32　　　　　　　　　图1-33

掌握了围棋接不归，就可以让对手疲于应付，让己方的行棋更加得心应手，因此，还有人把接不归编成了一首更加通俗好记的小歌谣：

抓住断点继续追，对方变作接不归。

如要强行往回接，棋死更多棋形亏。

04 夹

"夹"指的是对局的一方用两子将另一方棋子夹在中间的行棋方法。还有一种"夹"叫作"反夹",是指当一方棋子被另一方夹住时,被夹的一方从对方棋子另一侧再夹住对方的一手棋。

图1-34 白1挂,黑2也向右平行跳了三格,这叫作"夹"。更形象地说,就是两个黑子中间已有一个白棋,黑2和原来一黑子构成对白1的夹击,故称作"夹"。黑2与被夹的白1之间隔一空格,称作"一间夹",隔两空格称作"二间夹"。夹还有高低之分,一般来说,在三路线上的叫作"低夹",在四路线上的叫作"高夹"。

例一

图1-35 黑1即是"夹",这是杀白棋的有力手段。

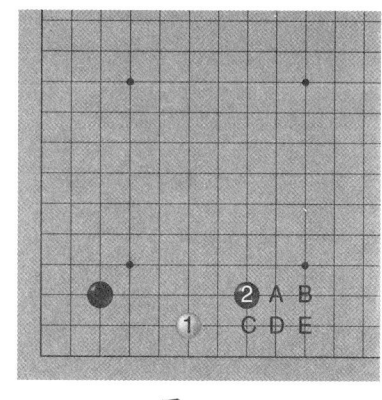

图1-34

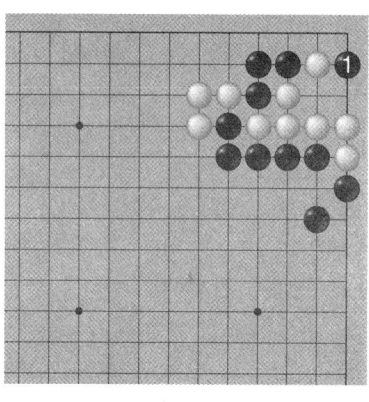

图1-35

图1-36 白2立,黑3扑,白被杀。

图1-37 如果白改在2位粘,黑3打吃,那么白仍然只有死路一条。

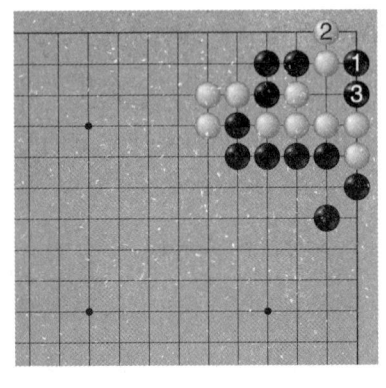

图1-36 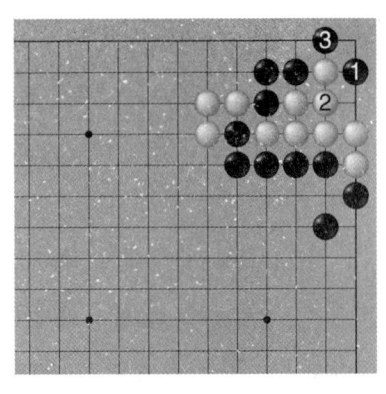　　　　　　　图1-37

图1-38 黑1恶手,白4提子后,黑A白B,黑失利。

例二

图1-39 边上四个黑子已经是逃不掉了,那么只有把白△两子吃住,这样才能得救。方法是:

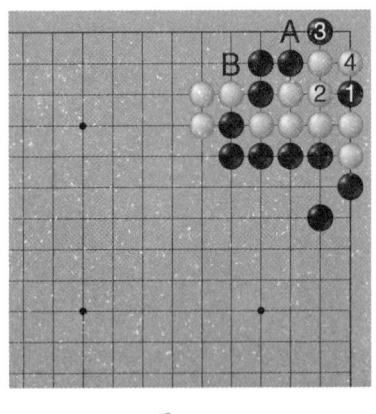

图1-38 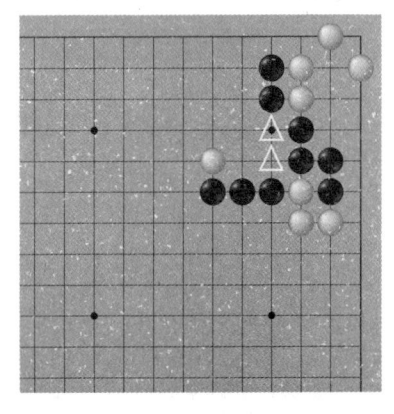　　　　　　　图1-39

图1-40 黑在1位夹，就可以吃掉两个白子。白2接，黑棋即从3位把四个白子吃掉。

图1-41 黑1夹时，白如果改在2位长出，那么黑3即断吃两个白子。白2如果改走A位，那么黑棋即于B位挡吃，白棋三子接不归。

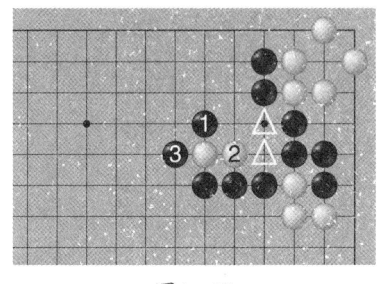

图1-40　　　　　　　图1-41

图1-42 黑1冲显然不行，白2逃出后，黑从3位打吃，白弃掉一子从4位逃出，黑失败。

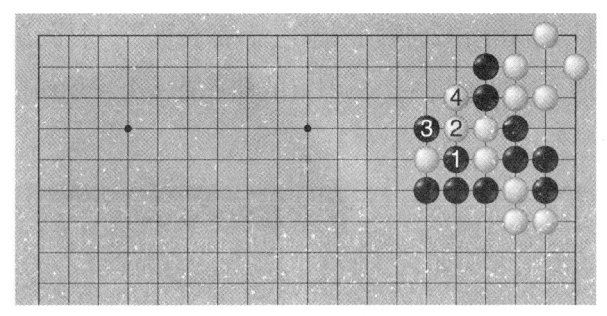

图1-42

05 枷

枷吃，就是指占据对方逃跑关键之处，让其无法逃跑的一种吃子方法。就如古代押送犯人时，给其戴上木枷让他们无法逃跑一样。

例一

图1-43 白一子因为有白△一子的呼应，所以黑棋无论在A位或B位打，都无法把白子征吃掉。

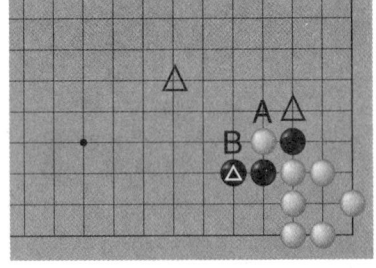

图1-43

图1-44 利用黑棋棋形的优势。黑1下出了一着妙手，白一子再也不能动弹了。黑1的这种手段就叫"枷"。

图1-45 无论白2向哪个方向逃，都会被黑3封死。

枷的方法虽不止一个，但目的却只有一个，那就是吃掉对方的棋子。

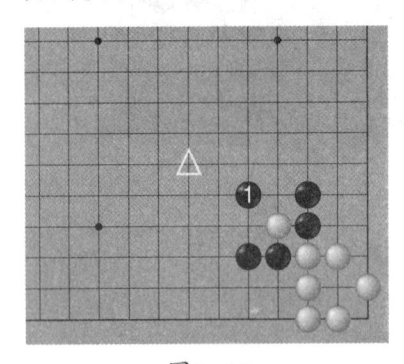

图1-44

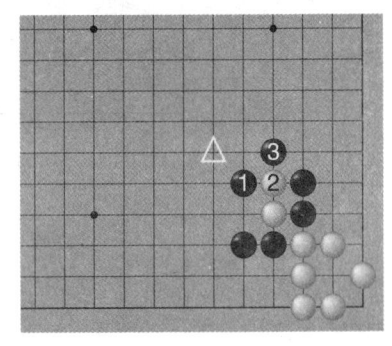

图1-45

例二

图1-46 跳枷。

例三

图1-47 尖枷。

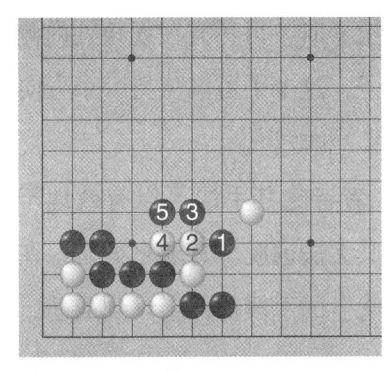

图1-46

图1-47

例四

图1-48 飞枷。

例五

图1-49 宽枷。

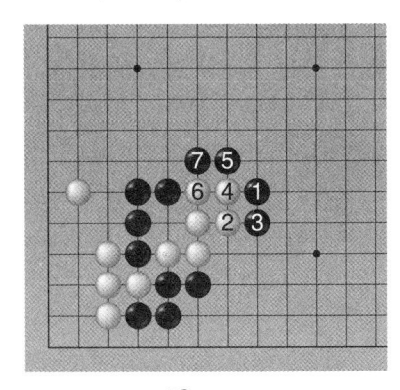

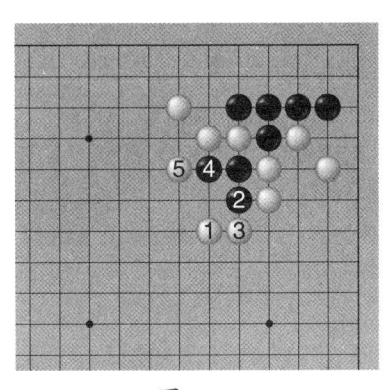

图1-48

图1-49

在实际对局中，会有各种不同的复杂棋形出现，至于能不能用枷的方法去吃掉对方棋子，还需要精确的计算。此法的运用会随着棋艺的不断提高，对于枷的理解的加深，应用也会更加的广泛。

当一方在垂直位各有两个以上子时，另一方在拐角处内侧有一子，这时如果直接攻击这个子，这个子可以从另一个方向逃出，就无法吃死。此时就可以用"枷吃"。

"枷吃"又名"方吃"，二者皆喻其手法可以有效地于方阵之中围困住对方的棋子，使其无法逃脱。有趣之处是，在"征吃"手段不能奏效时，"枷吃"的手段往往会马到成功，而且非常简便。

在实战对局中，并不是所有的半包围棋形都可以用"枷吃"来实行围捕的。我们要注意确保"枷吃"后形成的两扇"门"坚实有效，并且四周没有对方的棋子接应。

在初学围棋的过程中，初学者总会机械式地追堵对方的气，但是一味地追堵有时并不能奏效，那么想要成功包围对方，一定要学会运用策略，枷吃就是如此，守住对方的出路，便可以达到目的。

06 门吃、抱吃

1. 门吃

图1-50 黑1打吃，白两子就不能再逃了，白如硬在A位长，那结果只会令它遭受更大的损失。像这样两边各一个子如同一扇大门一样的吃子着法叫"门吃"。

图1-51 黑方能吃到白子吗？

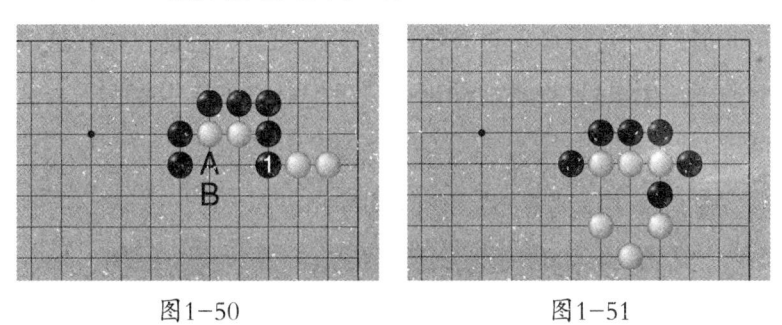

图1-50　　　　　图1-51

图1-52 黑怎样下才能吃到白子呢？

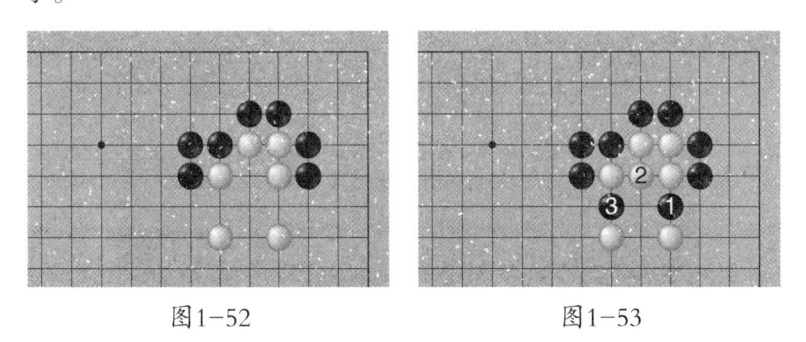

图1-53 黑1打吃，白2连，这时黑可下3位门吃掉白棋五个子。

图1-52　　　　　图1-53

图1-54 黑1打吃,白2连,这时黑3可门吃五个白子,大获全胜。

2. 抱吃

抱吃,也称作"包吃"。围棋术语里用以围吃对方棋子的着法。仅指紧包,使之无法逃遁。

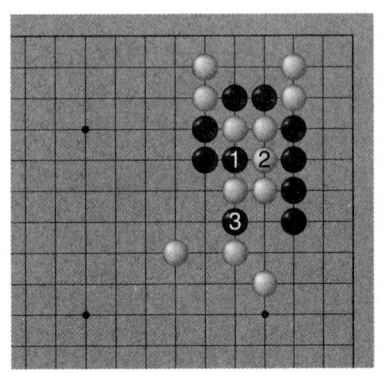

图1-54

图1-55 这局势吃两个白子很容易,黑下1位即可吃住这两个白子,像黑1这样类似伸出一只手把对方子抱住的吃子着法叫"抱吃"。

图1-56 黑能吃住这一个白子吗?

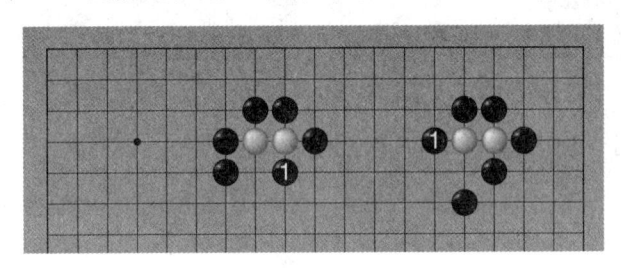

图1-55

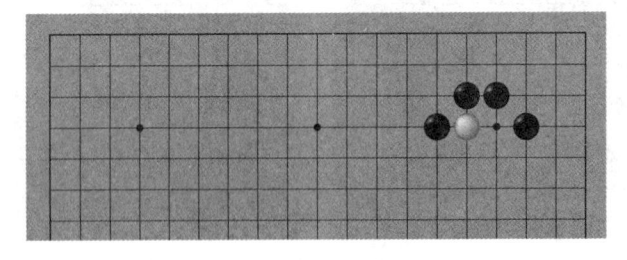

图1-56

07 断

例一

图1-57 黑子有被吃掉的危险,然而白棋也不是无懈可击,双方如何利用当前的形势呢?

图1-58 黑1断是极佳的一步棋,恰好击中白的要害。

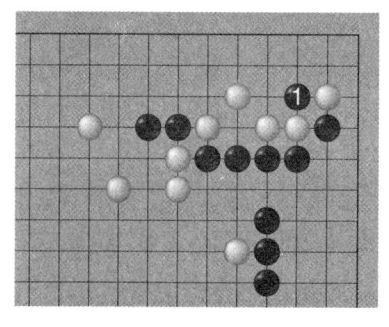

图1-57

图1-58

图1-59 白如果在2位打吃,黑3双打,至黑5提吃白一子,那么黑占利。

图1-60 对黑1的断,白采取抵抗态度,然而黑有3位打吃。

图1-59

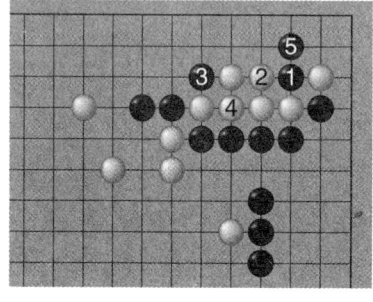

图1-60

图1-61 白6断吃,黑7滚打,至黑11止,白失败。

图1-62 黑先吃再断,次序就错,至白6止,黑不能攻白。

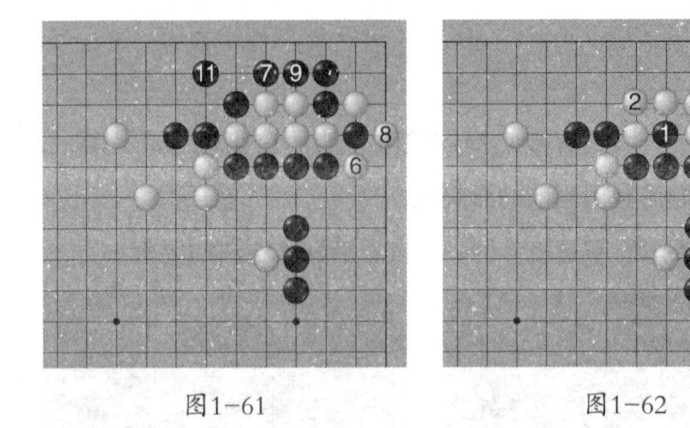

图1-61

图1-62

图1-63 黑1粘是非常无能的表现,白2虎后棋形无懈可击,黑败。

例二

图1-64 从布局的表面上来看,白棋已经取得胜利,好像黑必败。

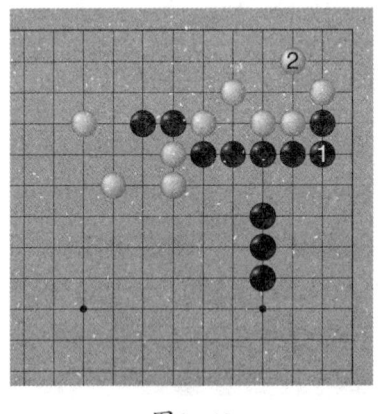

图1-63

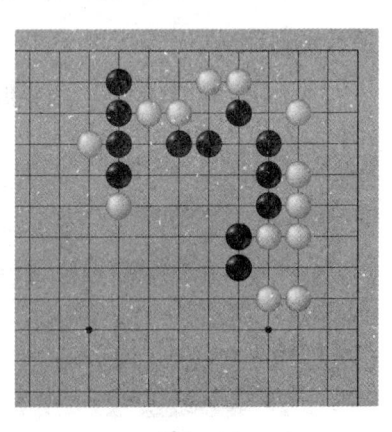

图1-64

图1-65 黑1冲要点,那么白遭此一击,困象就立刻显现出来了。

图1-66 白2挡时,黑3断巧妙。

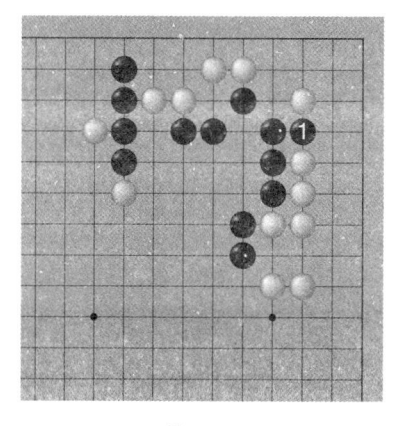

图1-65 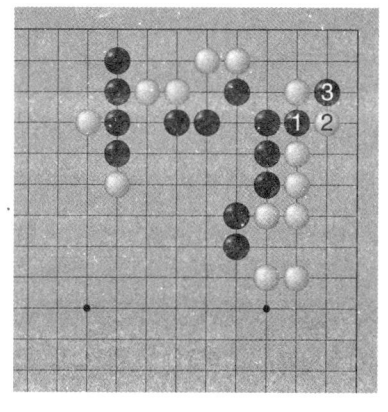　　　　　　图1-66

图1-67 白4打吃后,黑5反吃是要领。

图1-68 白6提,黑7退,因为白A位已不入气,左边白四子便被黑7吞吃。

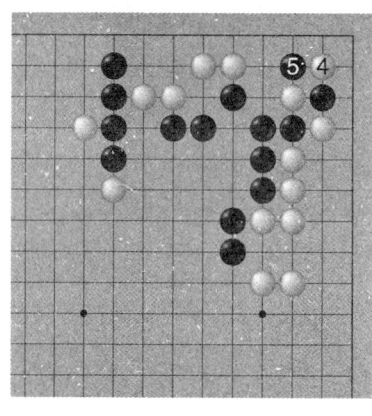

图1-67 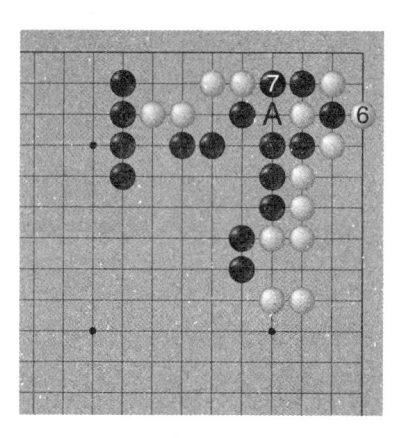　　　　　　图1-68

图1-69 黑1白2后,黑3位夹失算,白4接牢,黑失败。

图1-70 黑3扳下仍不成立,白4夹后,由于有A位的断点,黑不能使白棋断开。

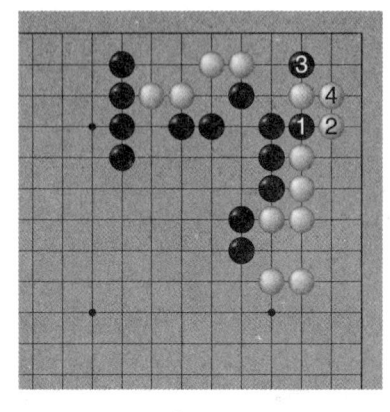

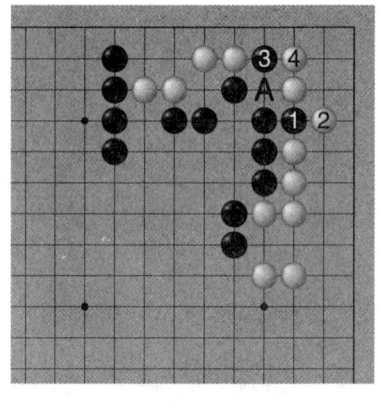

图1-69

图1-70

图1-71 黑1坏棋,因这一手,角上的种种妙味都失去了。

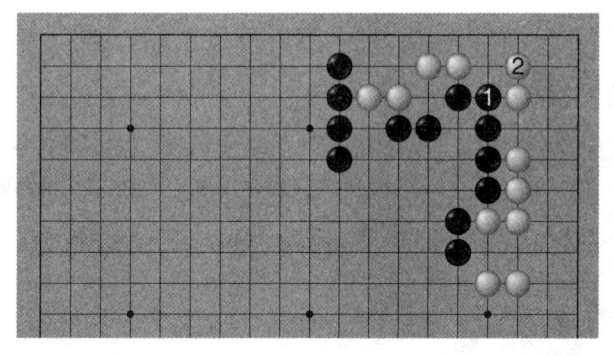

图1-71

08 扳

例一

图1-72 黑走法尽管不少,但是佳点却只有一个,因此要慎重出击。

图1-73 黑1是简明的,也是唯一正确的点。

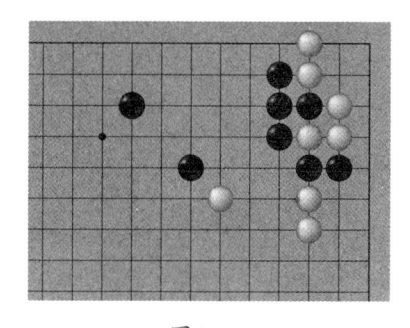

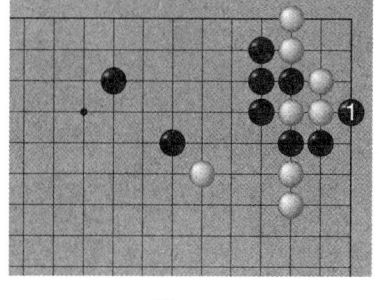

图1-72　　　　　　图1-73

图1-74 白2粘时,黑如果简单地在3位粘即可,那么白的眼位不够。

图1-75 黑1时,白走2位,黑3粘严,后白A黑B,白B黑C。

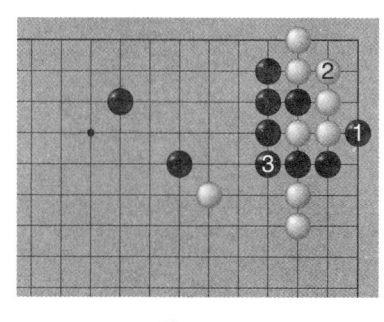

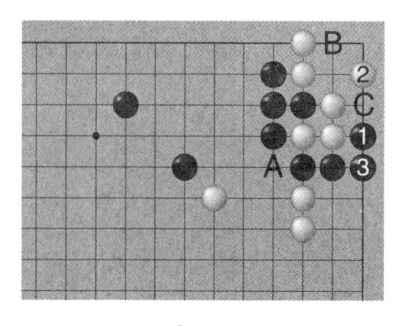

图1-74　　　　　　图1-75

图1-76 白4断，黑在5位扑吃，白6则黑在7位打吃，白没气了净死。

图1-77 黑1立下无理可讲，白2粘，黑无处下手。

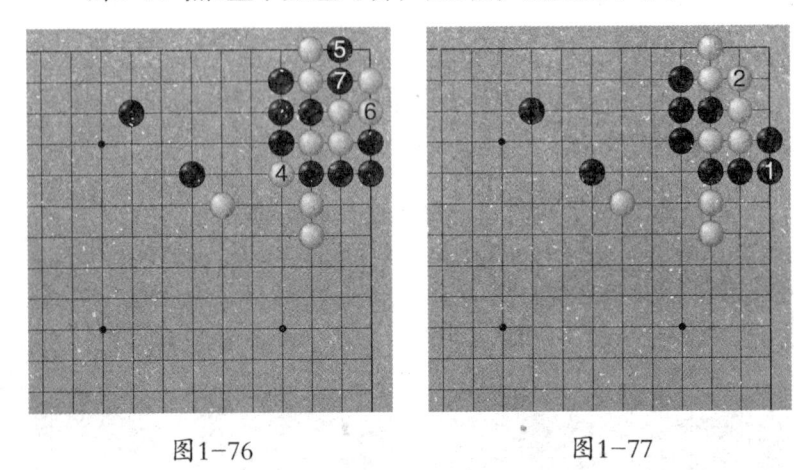

图1-76　　　　　　　图1-77

图1-78 黑3粘是当然的，白4在角上做眼，黑A时，白B，白棋活了。

图1-79 是实战常见的问题，黑不能给白一丝喘息的机会。

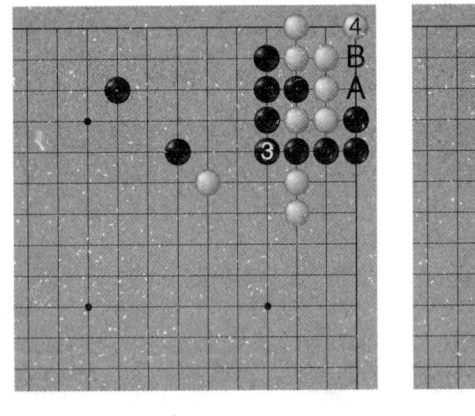

图1-78 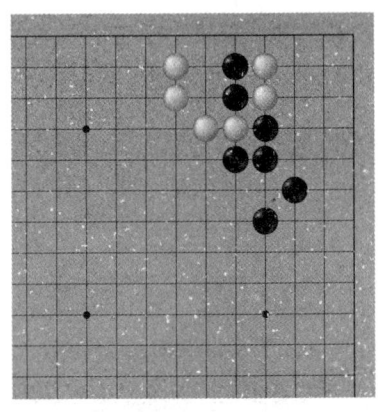　　　　　　　图1-79

图1-80 黑1是容易想到的，关键是下面的手段。

图1-81 白2时，黑3严厉。

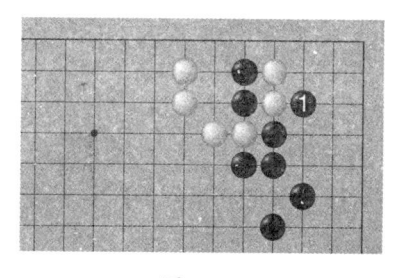

图1-80

图1-81

图1-82 白4黑5交换，白6打吃，黑7长出（好棋），白8打吃，黑在9位紧逼。

图1-83 黑在11位扑后于13位粘，白没气了，黑胜。

图1-82

图1-83

图1-84 黑1改从下面夹，白2、4后黑被击溃。

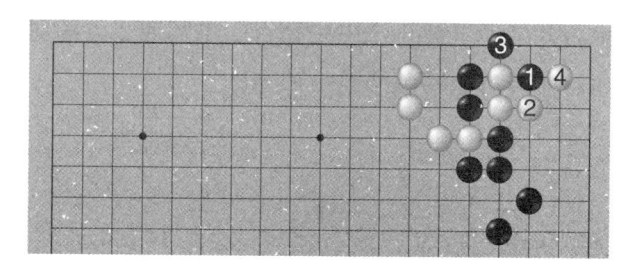

图1-84

例二

扳断,就是用"扳"的手法来断开对方。

图1-85 白子两块棋,左三颗,右两颗。那么黑子如何进行下子呢?

若下右边,右边两颗的棋路还很广阔。

反而左边的三颗棋,在角落上,做眼空间却不多。所以,此时黑子应抢占先机。

图1-86 此刻,黑1于右边下一手,挡住了白棋。这手扳,断开了白棋左右的联络,即称为扳断。

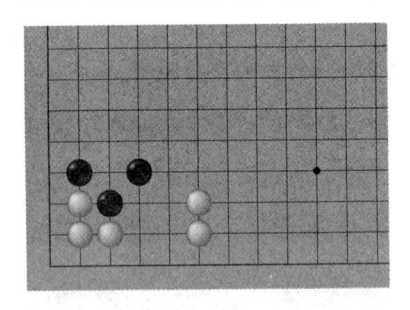

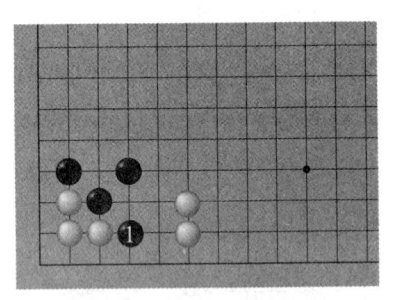

图1-85   图1-86

在对局时,双方相互贴近,一方从斜角向对方迎头下一子,以阻止对方的出路,叫作"扳"。扳的用途很广泛,可以用在阻止对方向前发展,也可用在自己占实地、分断对方的目的等,即对他方势力范围的限定性开发。

09 滚打包收

对方的棋子外气很紧,同时棋的连接有不足之处时,运用一些扑、打等综合手段,把对方的棋子通吃掉,这种情形称为"滚打包收"。请看如下例子:

例一

图1-87 左边几个白子的气很紧,同时在棋形上有不足处,如何吃掉它,而使上下的黑子连成一片呢?

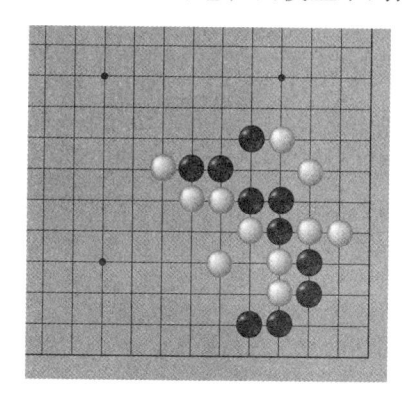

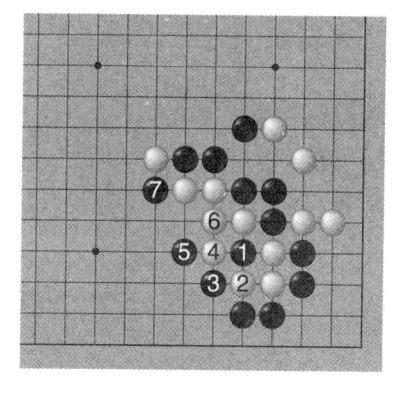

图1-87　　　　　图1-88

图1-88 黑1扑,妙手。白2不得已提,黑3打。白4在黑1位粘,黑5再打,白6粘,黑7打时,黑已把白九子全部吃掉,这是典型的滚打包收的手段。

当然,实战中白棋如知道滚打包收的手段时,就不会于白2位提黑了,也许会脱先,或者直接在6位或7位粘,这时黑只需在白2处提白两子即可连通。

图1-89 黑先,能否吃掉白△三子?

图1-90 失败图。

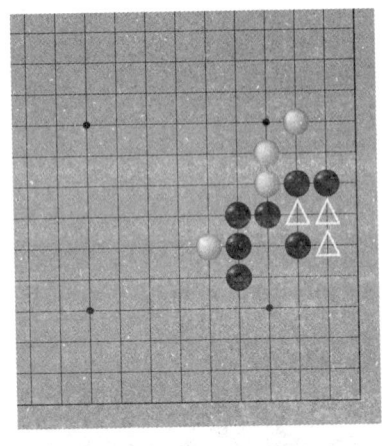

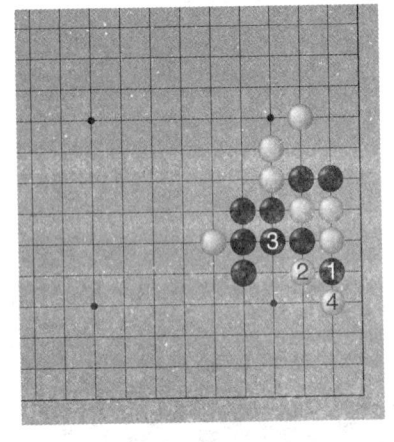

图1-89

图1-90

图1-91 黑1扳很关键,当白2打时,黑3不接,而在一线打是要点,白4提,黑5继续打,白6粘,黑7再打时,白棋六子全被滚打包收。黑成功。

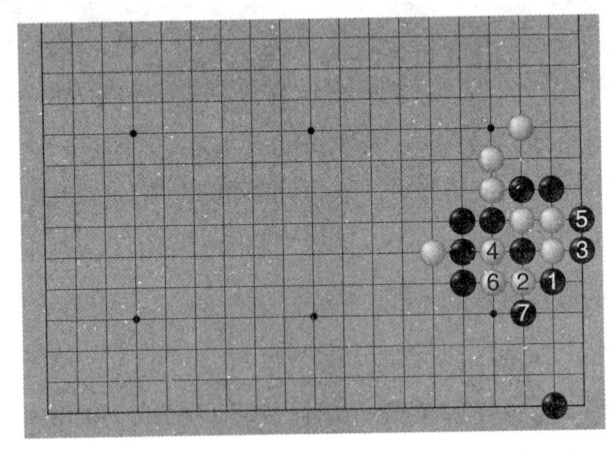

图1-91

例二

图1-92 白△两子是棋精，黑想救活黑三个子的唯一办法就是把这两颗白子吃掉。

图1-93 失败图。黑1、3子虽然可活角，但黑三子已死，损失惨重。

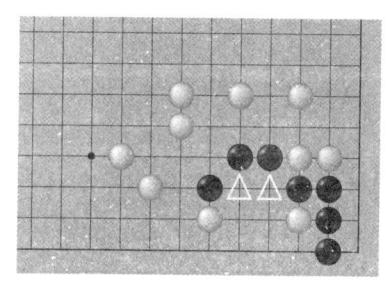

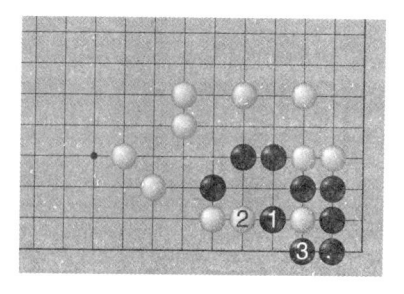

图1-92

图1-93

图1-94 因为有黑△一子的硬腿，黑1可以从左边打，白2粘，黑3打，白4只能提，黑5继续打时，白棋只好让黑棋在1位提，而不能在1位粘了，因为粘上后，黑棋会在A位打，白棋全部死。

图1-95 如何吃掉白△三子又救出黑△两子呢？它们同样有两气。

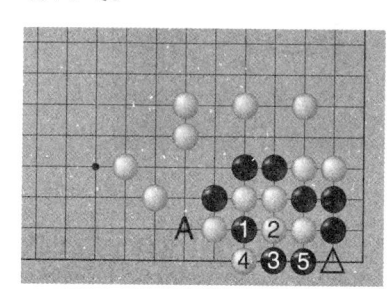

图1-94

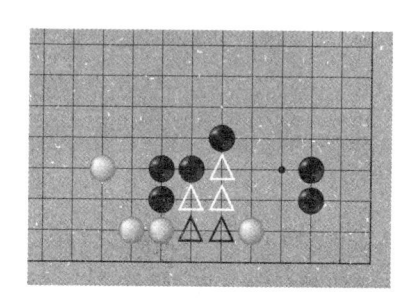

图1-95

图1-96 失败图。黑1从上面打，等白2粘上后，白已有三气，一气杀黑。

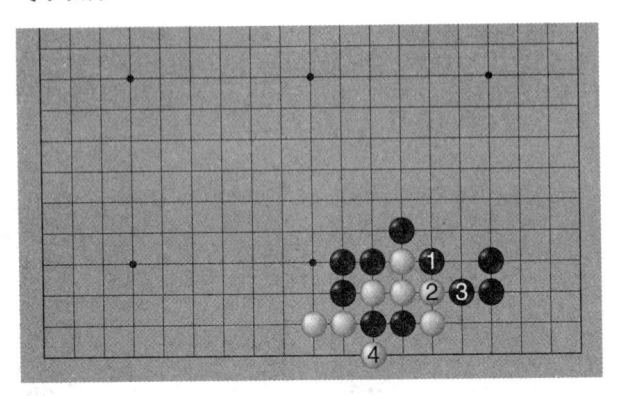

图1-96

图1-97 运用滚打包收的手段，黑1从下面打，黑3打弃子是好手，白4提，黑5继续打，白无喘息之机。以后，如果白6敢在1位粘，黑于A位打吃即可杀死白棋。黑1=白6。

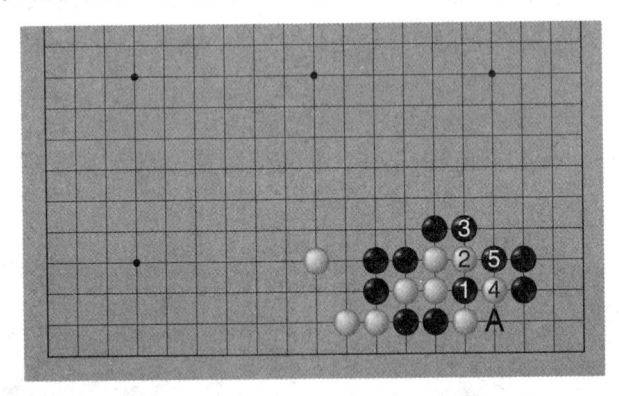

图1-97

滚打包收是连续采用扑、打吃、枷等手法来使对手棋子成为效率低下的愚形，再加以攻击的手段。其中滚打是指通常利用弃子方法把对手棋子攻成愚形，包收是指进一步围攻。

滚打包收通常发生在对局者因为一块棋看似完整不易受到攻击的情况，而掉以轻心的时候。其实，当整块棋布局不够结实或眼位不够完整时，一次严重的滚打包收就很有可能决定一块棋的死活，乃至一盘棋的局势。因此棋谚有云：

滚打包收俱谨避。

滚打包收会使对方心理受到一定程度的影响，因为通过滚打包收，对方棋子都挤成了一团，成了愚形，这是非常难看的，容易使对方心理崩溃。

通常情况下，被滚打包收会使本方在这个局部处于劣势。而在某些情况下，滚打包收会产生巨大的威力，比如涉及整块大龙的死活问题，从而影响胜负。

滚打包收是围棋攻击的基本、常用手法。首先，以扑和连续打吃的方式来破对方可能的眼位，并起到紧气的作用；其次，再以枷等手法加以围攻追击。因此，所有围棋爱好者都应该掌握。

10 金鸡独立

自己一方的棋子虽然被对方围住,但对方两边都不入气而只能等死的情况叫"金鸡独立"。

例一

图1-98 黑1叫吃白棋三子,白2接,黑3接后,白棋两边不入气(否则就形成白棋自杀的情况),这样的情况就属于金鸡独立,结果是白棋全死。

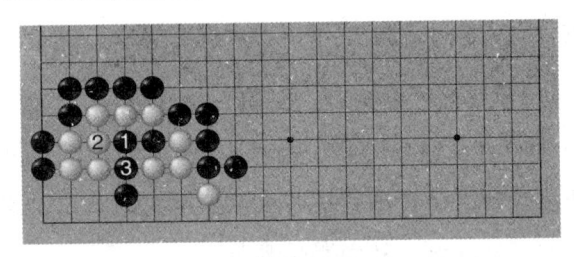

图1-98

例二

图1-99 黑1"立"长气,白2紧气,黑3再紧五个白子的气,结果形成白棋两边不入气的金鸡独立局面。

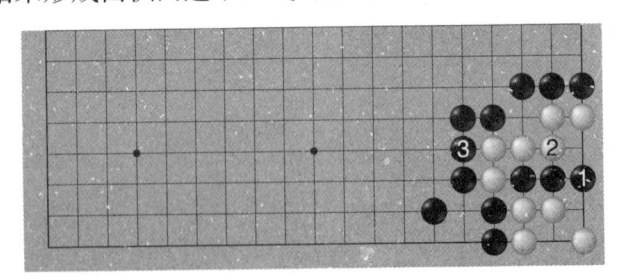

图1-99

例三

图1-100 黑走1位，不让白棋从这里打吃，白2紧黑棋两子的气，黑3紧白棋两子的气。结果形成了金鸡独立，白死。

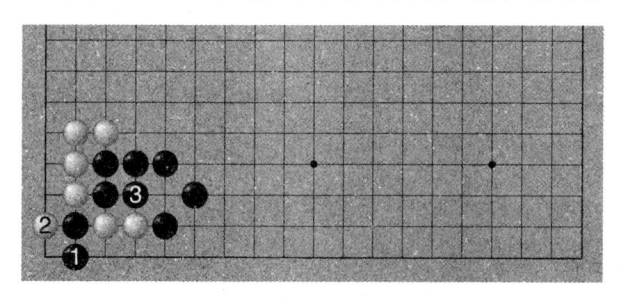

图1-100

例四

图1-101 黑1扑，让白棋减少一口气，在之后，黑3吃，白4如果1位接，黑5立，由于白棋两边不能入气，白棋还是死于金鸡独立。白4=黑1。

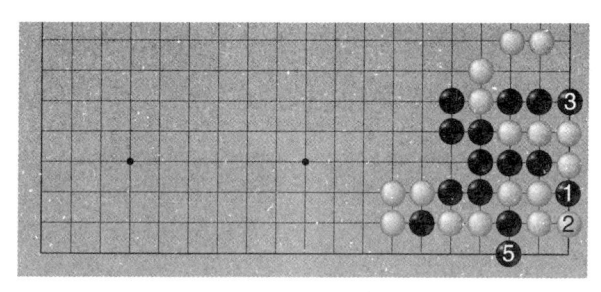

图1-101

11 黄莺扑蝶

黄莺扑蝶，这是一个听起来很灵动、很美又充满韵律感的词语。就如一只灵巧可爱的黄莺追逐着蝴蝶，蝴蝶舞动着翅膀闪躲，黄莺和蝴蝶在你追我赶，场面很是生动有趣，又不失激烈紧张。突然，场面突变，黄莺加速扑向小蝴蝶，美丽的蝴蝶被折断翅膀，成了黄莺的俘虏。

"黄莺扑蝶"也是一个围棋术语，又称"黄鹰扑兔""海底捞月"，主要用于对付二线两扳长一气的手法，要点是下在一线，是比较奇特的着法。

例一

图1-102 这是围棋中"黄莺扑蝶"的一个基本图形，白棋二线扳，就如蝴蝶张开的翅膀。那么，黑棋，该如何杀白呢？

图1-103 失败图。黑1扳住看似必然的一手，但是，白2巧

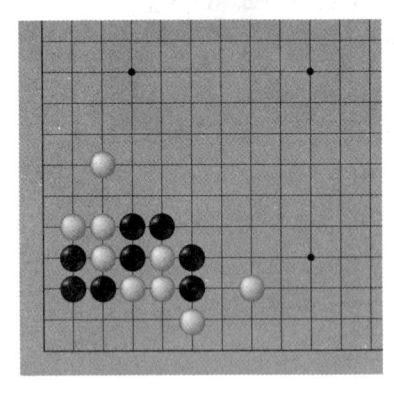

图1-102 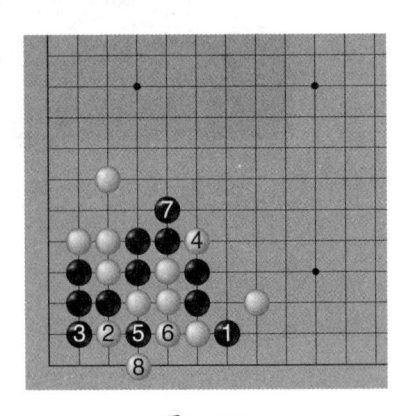　　　图1-103

妙地在二线扳，长了一口气，如果黑3再挡住的话，白4则断，好手！如此，黑棋便明显失败了。白棋就如一只蝴蝶一样张开翅膀飞走了。

图1-104 黑1点，白2扳后，黑3并妙手。白4连，黑5扳至黑9，白方自始至终都只能有两口气，没有办法逃脱。这就是围棋里面极为有名的"黄莺扑蝶"。其要点就是下在一线，使对方无法长气。

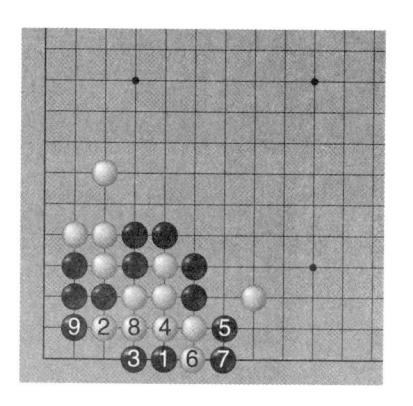

图1-104

例二

图1-105 黑先，该如何杀白呢？

图1-106 失败图。黑1冲打，白2连，黑3紧气。白4扳时，黑5扳住不好，被白6扳长了一口气，黑棋慢一气被吃。

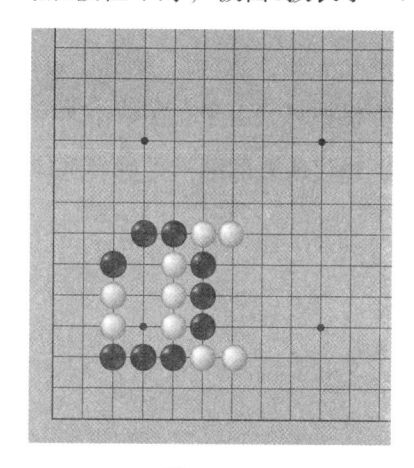

图1-105

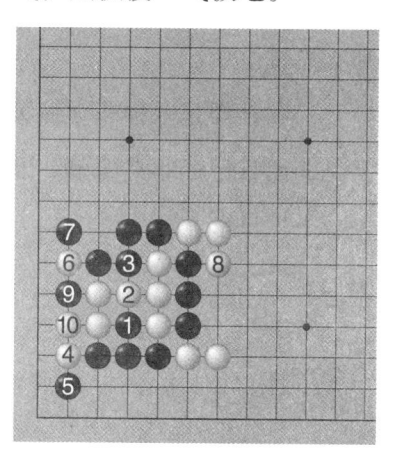

图1-106

图1-107 白4扳时，黑5"一线点"是好手，形成"黄莺扑蝶"形状。接着白6扳，黑7并，至白12，白棋始终被控制在两气，白子对杀气不足，白棋失败。

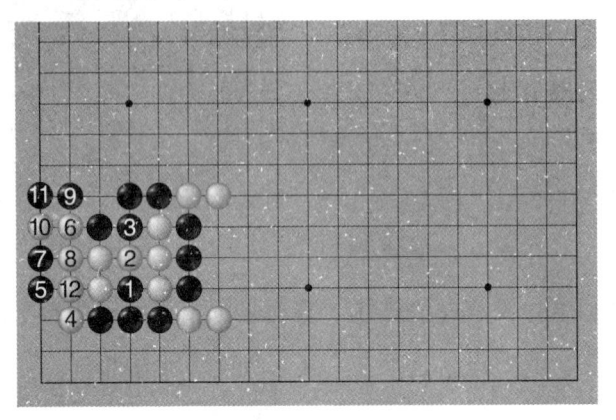

图1-107

黄莺扑蝶的精髓在于，在黑棋没有形成"两扳"之时对黑棋进行打击。此时黑有一扳，白有3气，如果白棋简单挡住，黑棋再扳，白挡住，黑收气，恢复成"两扳长一气"的状态，那么黑棋成功。

黄莺扑蝶是一种非常高级的围棋技巧，由于在实战中非常常见，而且记忆非常简单。因此，建议所有的围棋爱好者都应该背下该棋形。

12 逃子

前面所讲述的都是一些吃子方法,通过对这些吃子方法的学习,我们的吃子能力大大地提高了。两个人下棋,你吃对方的子,而对方也要吃你的子。当自己的子被对方围住时,就要想尽办法解困出去。

那么,我们应该采取什么方法来解困呢?现在推荐一个"逃子"法,可以绝处逢生。所谓"逃子",就是指当自己棋子被对方包围或被对方叫吃时,就要想办法逃出去,尽量不让对方吃掉。

1. 利用打吃

图1-108 白△断,这是企图吃掉对方一个黑子,黑应该怎样去解救呢?

图1-109 黑1打吃,白2长,在这时,黑3利用连,就可以解困出去。

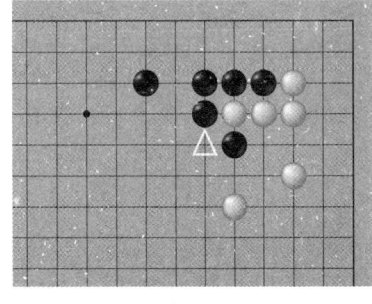

图1-108 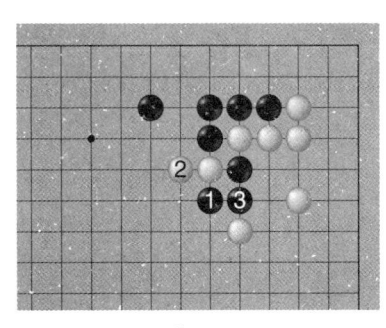　　　　　图1-109

图1-110 白棋用封的方法把三个黑子罩在里面,黑子有什么办法可以解困?

图1-111 黑1冲,白2挡住,黑3、5、7连续打吃三次,最后在9位长就逃出去了。这次黑打吃三次才逃出,但有时还要花费更大的气力才能逃出。

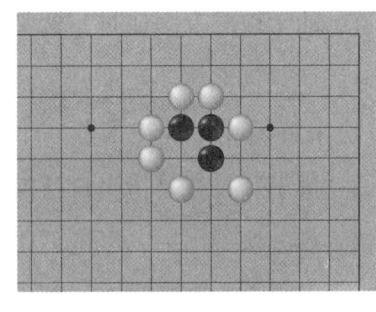

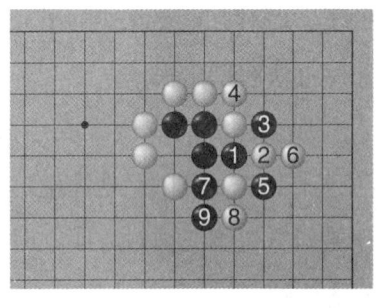

图1-110

图1-111

2. 利用门吃

图1-112 黑方这样情况,怎样解救将要被围困的两子呢?

图1-113 失败图。黑1打吃,白2连,黑3虎,这时白4可吃黑倒扑,黑失败。

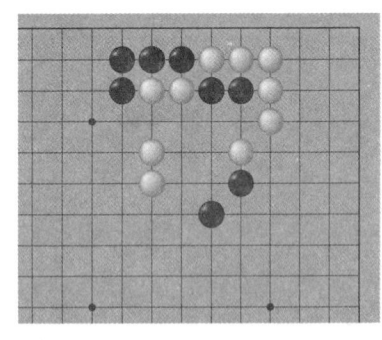

图1-112

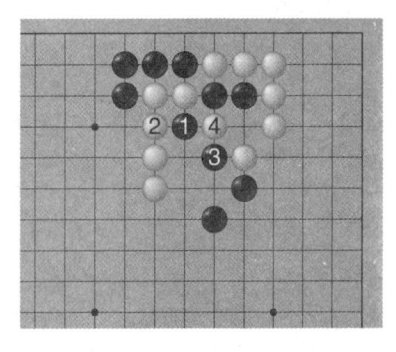

图1-113

图1-114 黑1长是比较理智的一步好棋，准备在A位门吃两个白子，白2双，黑3长刚好是虎口，这样黑子就逃出去了。

图1-115 黑1长，白2冲，黑3长，白4再冲，黑5再长，准备门吃白两子，白只好下6位，这时黑7连回。

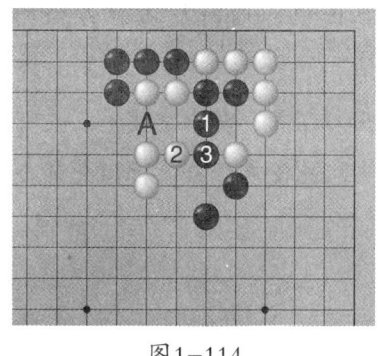

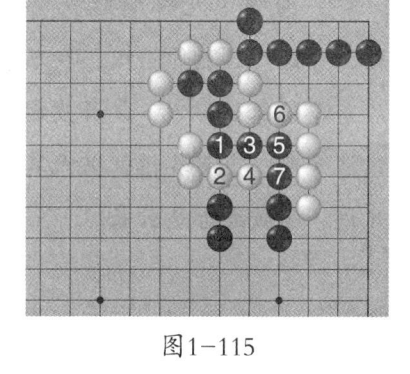

图1-114　　　　　　　图1-115

逃子和吃子着法要紧密的配合才行，只有熟练地掌握吃子着法，才能够使逃子的手段更为高明。在实战中要灵活变动逃子方法，只要能够逃出自己重要的棋子，就不必拘泥于形式。我们根据棋形的不同，还可以选择不同的方法，来帮助己方棋子逃跑。

当外面没有本方的棋子时，直接长气帮助棋子逃跑。比如，中间被包围的棋子只剩最后一口气，那么就要走一颗棋子帮助其长气逃子；当外面有本方的棋子时，将它们连接起来帮助棋子逃跑。

趣味链接

蜀国大将关羽酷爱下围棋。有一次，他被毒箭射中右臂，华佗来给他治伤。关羽问他怎样治。华佗说要开刀治疗。

关羽喝了几杯酒后就与人下围棋，同时把右臂伸给华佗，并说："随你治吧，我不害怕。"

华佗取出尖刀，切开皮肉，用刀刮骨，发出吱吱声。关羽饮酒食肉，谈笑弈棋，若无其事。从此便有诗云：棋国大师今几许，神威终古是云长。

围棋口诀

逃要关来追要飞，扭十字要长一边，对杀定要算好气。
几子将死请暂放，一旦走尽无余味，棋精再少要保护。
轻子该弃就要弃，宁失几子不失先，先刺多数占便宜。
莫压四路休爬二，七子沿边活也输，要走正着走大棋。

围棋规则

入中盘，实力显，打入侵消功杀难。
边拆二，二路点，攻击搜根是要点。
边拆三，打中间，腾挪可以上下靠。
边大飞，逼后点，度过稳定又收官。

第二章 中盘战术

中盘战斗很大程度上决定一盘棋的胜负。中盘战无定式可搬，对于初学者的提高在此存在着一大障碍，只有克服此障碍，才能提高棋艺。

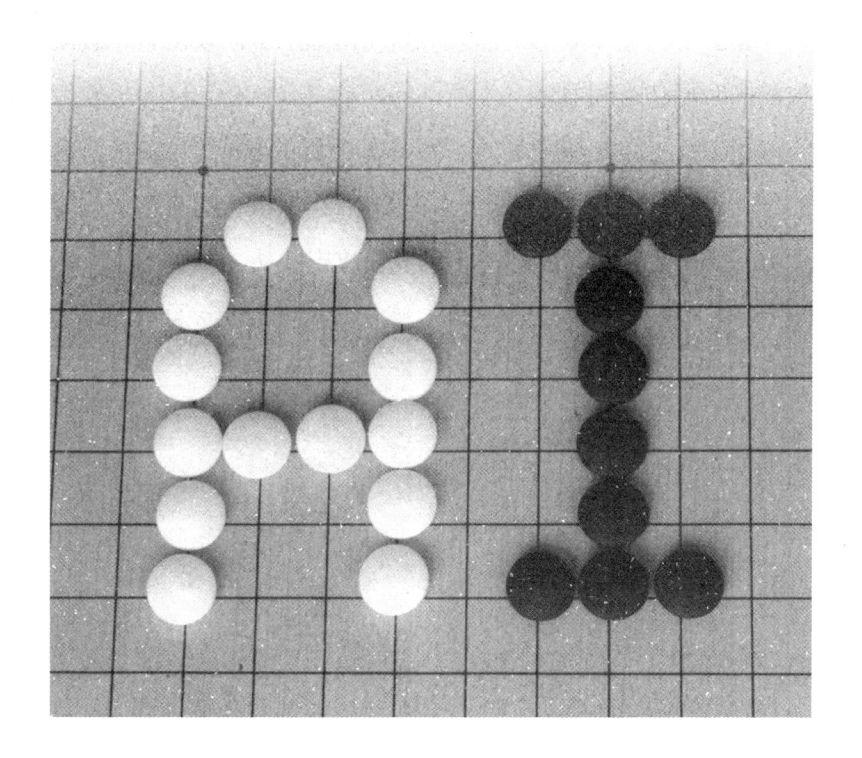

01 攻击

布局结束以后就开始进入中盘战斗了，只有努力贯彻布局阶段的战略意图，才能把握棋局的进程。

中盘战斗的变化复杂多变，其战术涉及的内容也非常多，攻击是最具代表性的一个战术。

攻击的目的是让对方的弱棋没有喘息之机，同时自己获得利益。

例一

图2-1 对于基本形的黑棋，白使用如下手段攻击它，破眼位的同时可获得利益。

图2-2 白1点是厉害的一着，击中黑的弱点。黑2接，白3、5、7先手夺去黑的根据地。白9跳后，黑棋大受攻击，同时上方一黑子也受到影响。黑不利，白攻击成功。

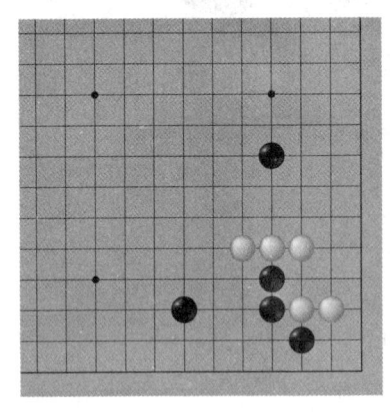

图2-1　　　　图2-2

图2-3 如果黑不愿意走成前图，黑2只好尖，白3、5吃黑一子大可满意，以后还可伺机攻击两边的黑棋。

例二

图2-4 对于基本形中白的拆二，黑该如何攻击呢？

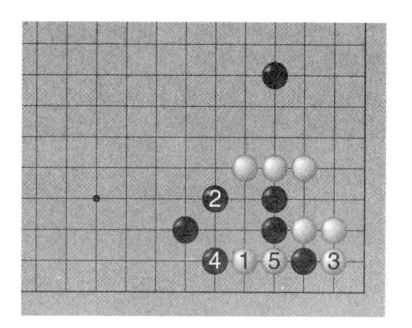

图2-3

图2-5 黑1点，然后黑3、5连回，是夺取白棋根据地的下法。以后，可伺机在A位镇继续攻击白棋。

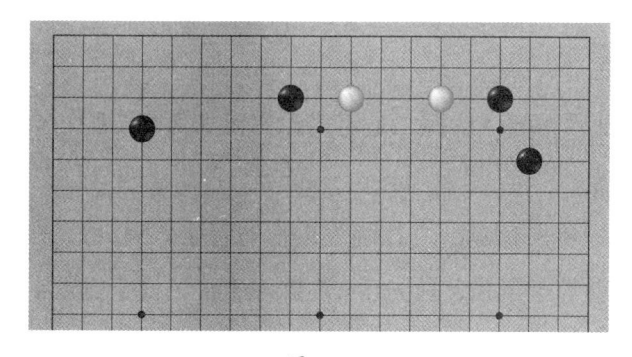

图2-4

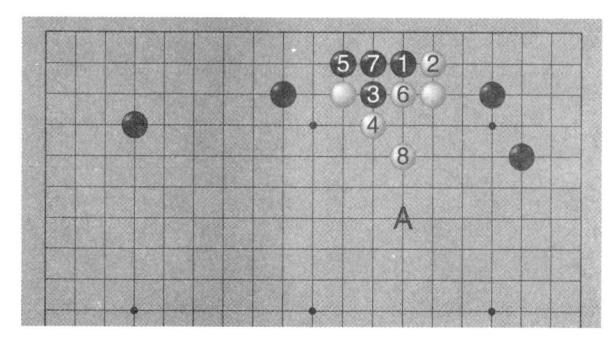

图2-5

图2-6 对于此形中的拆二，考虑到黑左边有模样的发展，黑1可不点透，而直接飞攻，黑5粘后，左边模样已形成，攻击获得的利益很大，同时还可伺机在A、B位继续攻击白棋。

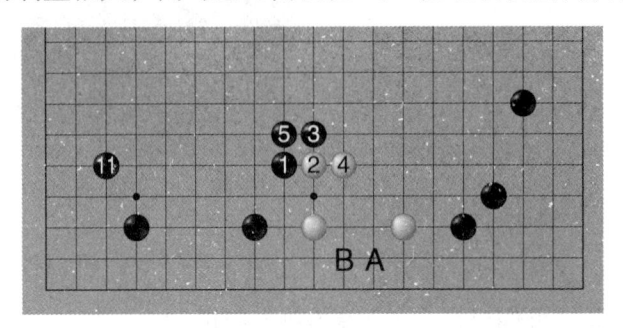

图2-6

例三

图2-7 白于A位拆二是定式，黑棋如何攻击呢？会发生何种变化呢？

图2-8 黑1夹攻，白2跳为正常的着法，黑3后，白将无法存活。就等于定式，白先于A位拆二生根，而于2位跳，被黑1位夹。

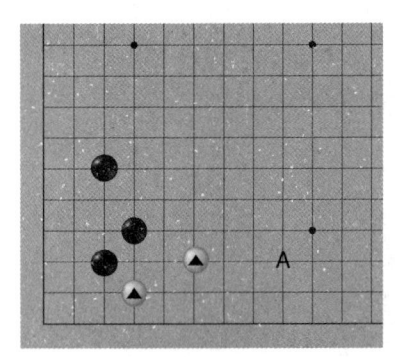

图2-7

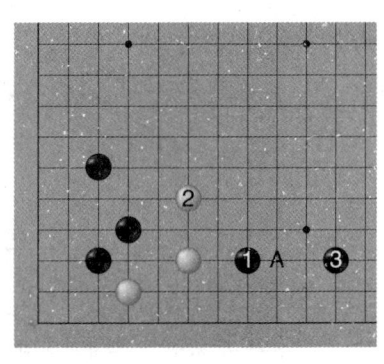

图2-8

图2-9 白于2位尖顶一子为整形好手,黑3如扳,变化至黑11,白处理妥当,黑失败。

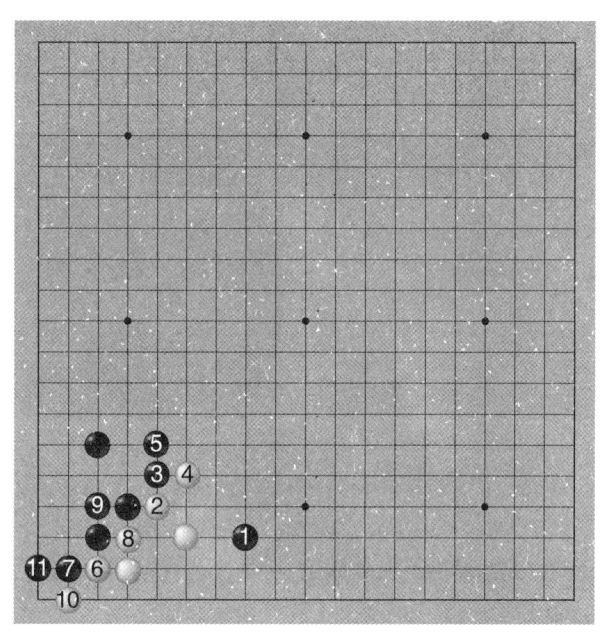

图2-9

图2-10 黑3如于角上挡,变化至白8,白也是不错的棋形,黑仍失败。

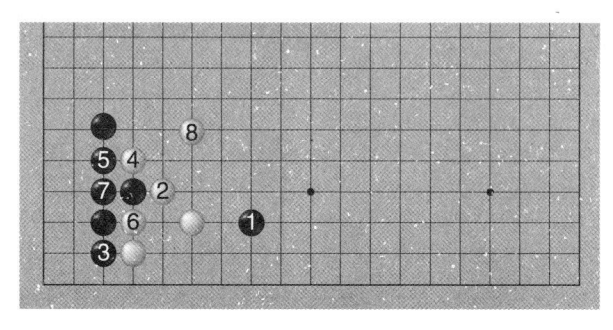

图2-10

图2-11 黑3愚形勾一个为要点,变化至黑9,白虽没净活,但也稍厚,黑可继续保持攻击,双方均可活,为正解。

图2-12 白6扳时,黑7扳反击,变化至白16,双方乱战。此时就要比拼双方中盘战力了!

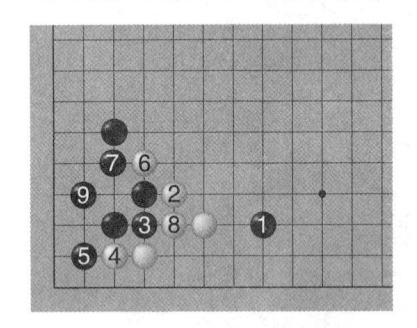

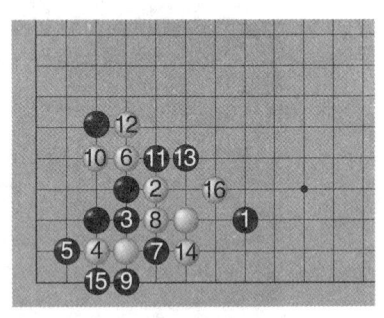

图2-11

图2-12

例四

图2-13 此形白必须于A位一带补一个,但白脱先后,黑如何攻击呢?

图2-14 黑1压是最不好的着法,这样下,不仅使白安定,实地也变大。

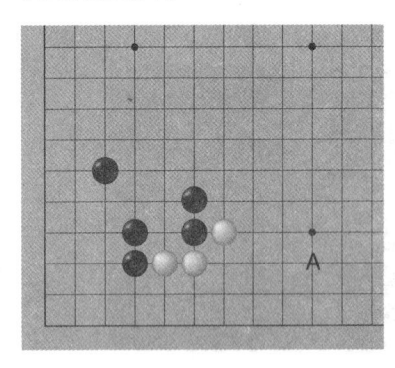

图2-13

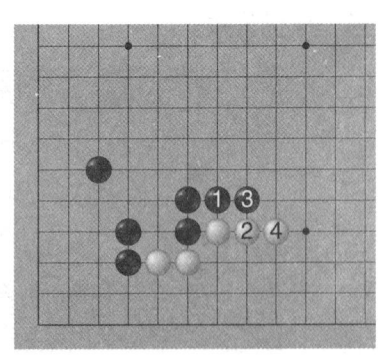

图2-14

图2-15 黑于1位夹攻不能得满分,虽夺了白根据,但白棋形也不错,黑无法继续攻击。

图2-16 黑1高一路夹才是正着,白4后,黑5是要点,至白6,使白成愚形(白4无法于黑3右一路扳,因有4位断)。

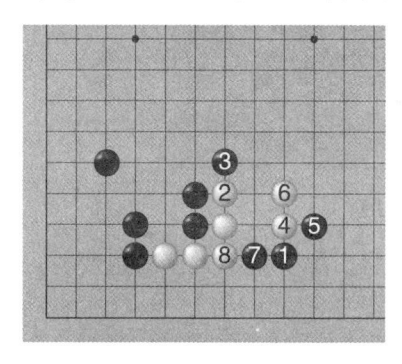

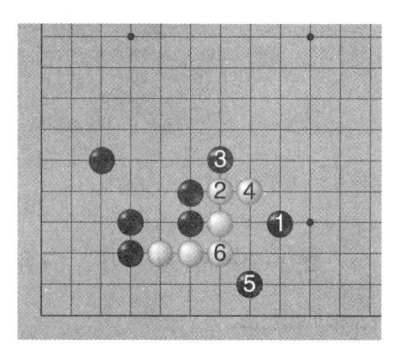

图2-15

图2-16

图2-17 白2也有小尖,但黑3仍然是要点,大同小异。

图2-18 白2黑3时,白切忌于4位虎应,不然黑5挡后,白6只能成愚形(不进可于B位挡,因黑A位打白无应手)。

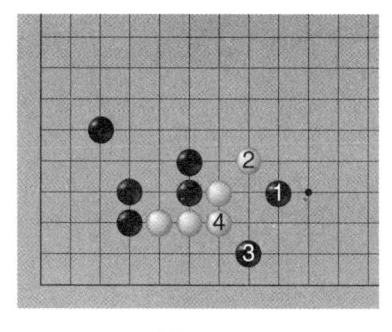

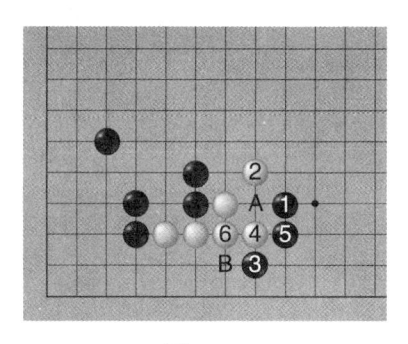

图2-17

图2-18

以上棋形不仅限于角上,在边上出现类似形状,也可如此攻击。

例五

图2-19 二四侵分常见的变化,黑子如何攻呢?

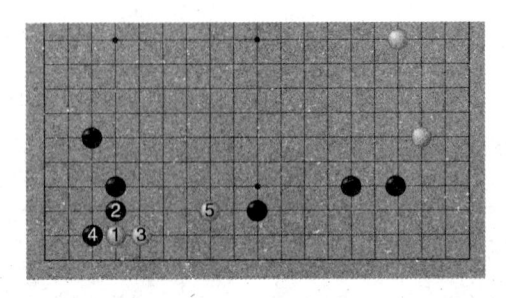

图2-19

图2-20 黑1点不好,白弃子后,黑所获不大,右边变弱,白形则漂亮。

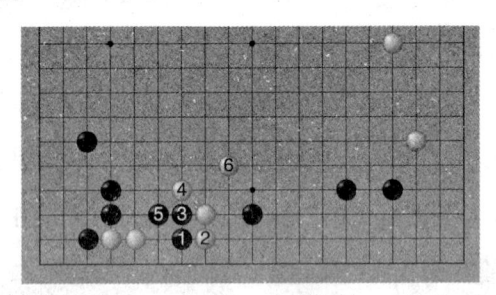

图2-20

图2-21 黑1飞为一种攻法,变化至黑7,也可。

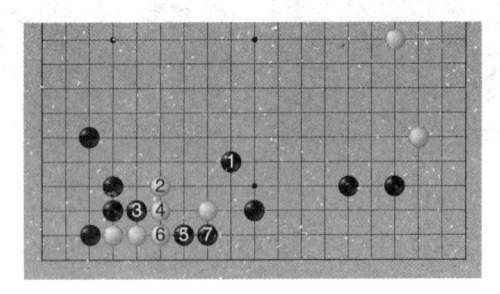

图2-21

图2-22 黑1从上面攻击，变化至黑9，也是一种极为有力的攻法。

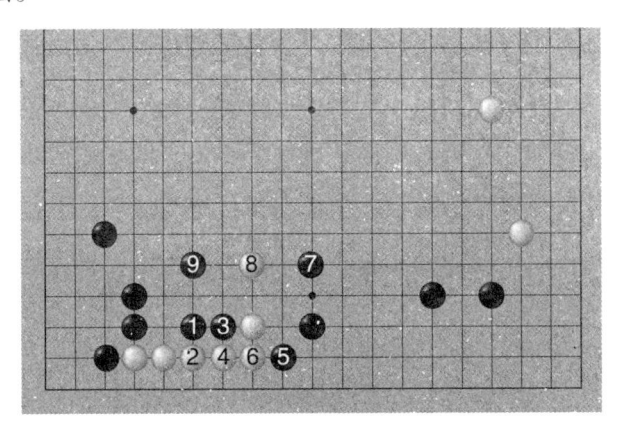

图2-22

图2-23 黑1镇不错，变化至黑7，既加强了中腹，也顺势加强了右下的实空。

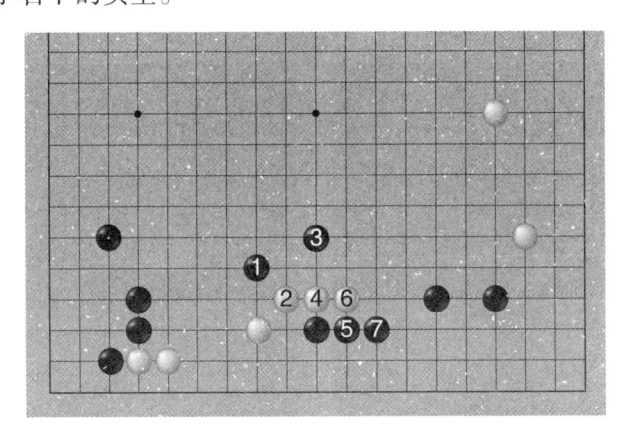

图2-23

以上几种攻法，需要根据周围和全局的配置以及个人的棋风来进行选择，可谓难分优劣。

围棋的进攻,还必须抓住攻击的方法,才能达到攻击的最佳效果,一般攻击方法分为五点:一是声东击西,指在攻击对方时扰乱对手思路使用的方法;二是空和攻击,指借攻击一方棋子形成的外势,利用空和攻击而成空;三是攻击要子,指对一方的孤棋加以攻击利用而达到最终目的;四是缠绕攻击,指对一方几块孤棋实施缠绕攻击而获得优势与成功;五是靠压攻击,指对于对手薄弱处实施靠压手段乘胜追击,扩大战果而采用的手段。

例六

图2-24 为尖顶定式,白在A位或B位立二拆三是本手,常有脱先,黑应怎样攻击呢?

图2-25 黑1夹攻,白二子虽然无根据,但不是很弱,若黑1过于靠近白棋,变化至白10,白简单处理就好。

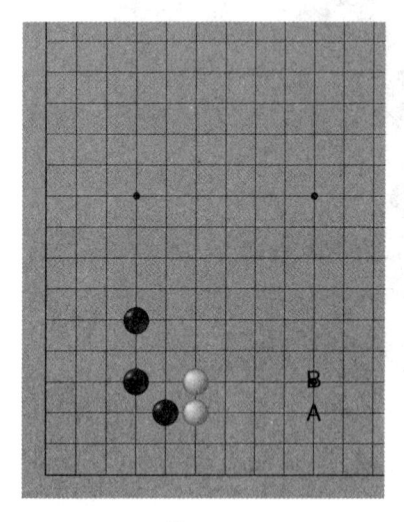

图2-24　　　　　　图2-25

图2-26 本棋形中,黑5如此打不行,结果只会使黑棋的局势变得更坏。

图2-27 白2靠压时,黑3若退,变化至白8,黑无以为继。

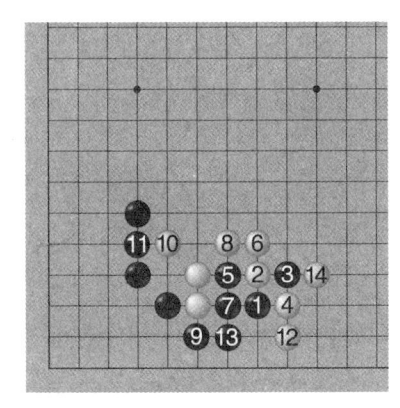

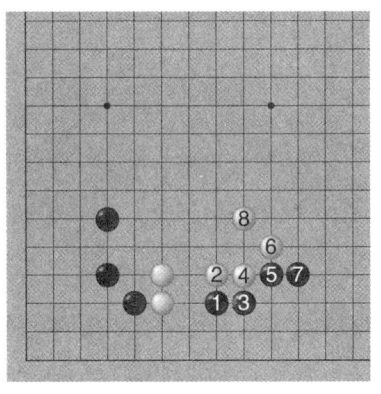

图2-26

图2-27

图2-28 黑1于四线高夹,但距离过近。变化至白8,白形根本不是被攻之形。

图2-29 黑5打不好,变化至白8,由于有A位的先手,黑B、C不能兼顾。

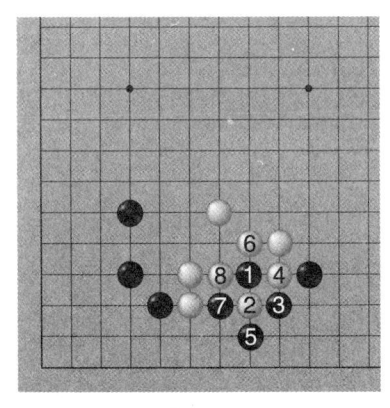

图2-28

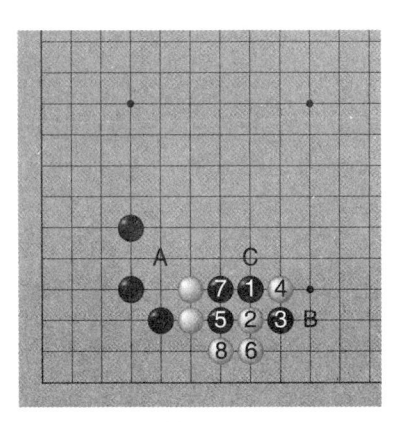

图2-29

图2-30 黑1二间夹,但位置过低,白2、4后,黑无后续手段,白形舒展。

图2-31 黑1二间高夹为正着,变化至白6,黑已大获便宜,且白也不安定。

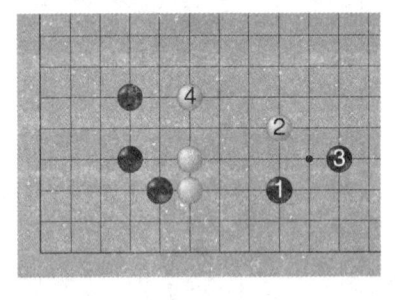

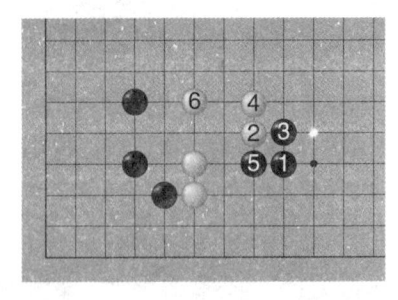

图2-30　　　　　　　图2-31

图2-32 因为是高夹,白出头不畅,白2向下于二路大飞,黑3顶住即可。

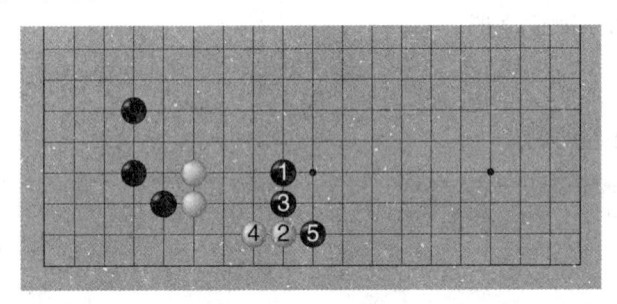

图2-32

02 打入

一般来说，打入的原因是自己觉得棋局于己方失利，希望将盘面局势复杂化，反之围实空简化局面赢棋即可。对于打入，是需要有准备的，也就是通常所说的要进行策划。

例一

图2-33 当黑△一子逼时，白应在A位跳补一手。此时白方若不补，而是脱先在别处着子，黑方应如何打入呢？

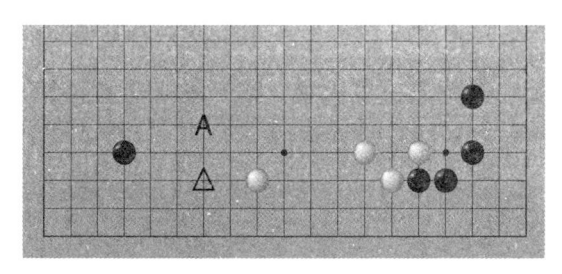

图2-33

图2-34 黑1点在此形的关键处，白棋只好尖阻黑从A位渡，双方进行到白14枷时，黑利用打入获得利益时，还留有B、C、D三处有利的好点。

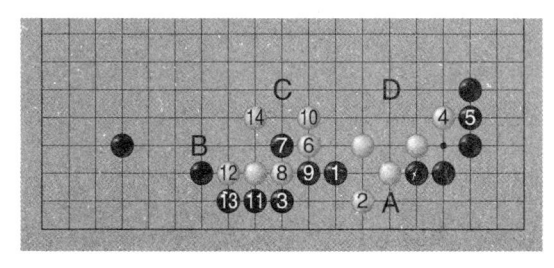

图2-34

图2-35 在征子有利时，白8接上，可避免黑方的种种利用。

图2-35

例二

图2-36 为白棋星小目对黑棋二连星的布局。右上角白棋小飞挂，左上角白棋小目，黑棋小飞挂，白棋采取的应对办法为二间高夹，对此黑棋先大跳，然后在上边打入，至黑7止，双方展开战斗，主动权落在黑棋手中。

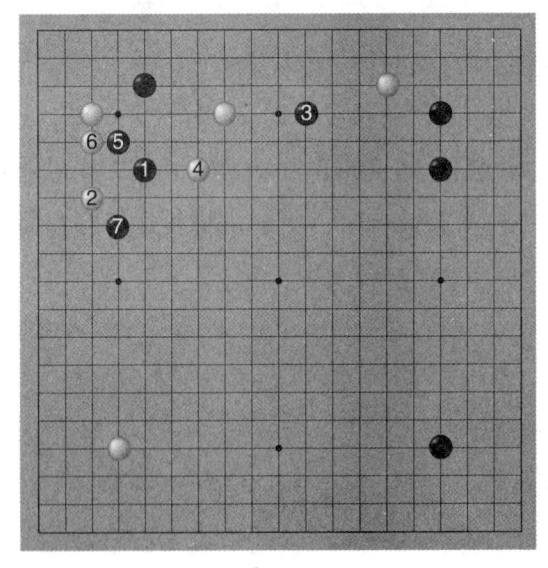

图2-36

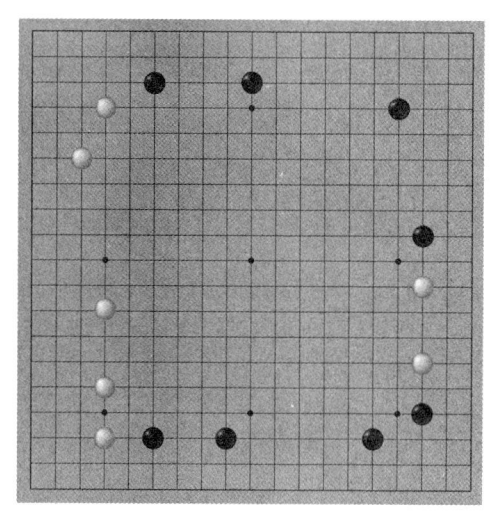

图2-37 是属于急所的打入。白棋应该如何选点呢?

图2-37

图2-38 黑棋右上角比较空虚,白棋点三三为当务之急,这里的点角即是打入。

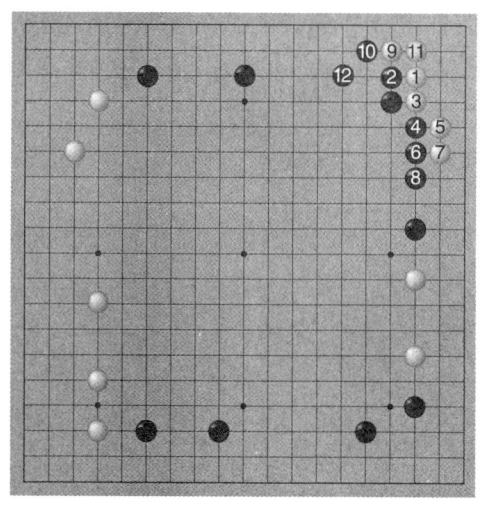

图2-38

例三

图2-39 从棋局的局面来看，双方似乎成持久战的态势，黑棋如何寻求突破是现在需要解决的急迫问题。

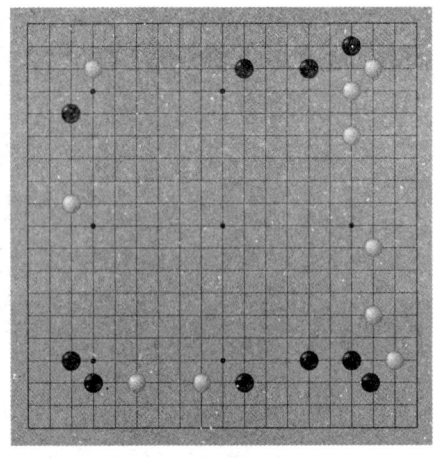

图2-40 在进行观察和判断后，右上方可以成为我们的打入目标。黑1在右上方打入，这是黑棋在右上方寻求突破，"破坏"棋局平衡的一手，至黑23止，黑棋在白棋的大模样中成功活出一块，从实地的对比上已经占据优势。

再如图2-41是黑棋发挥大模样最终围地的例图。图中白棋想通过天元一子渗透到黑棋阵营中，黑1碰，是绝对的妙着。

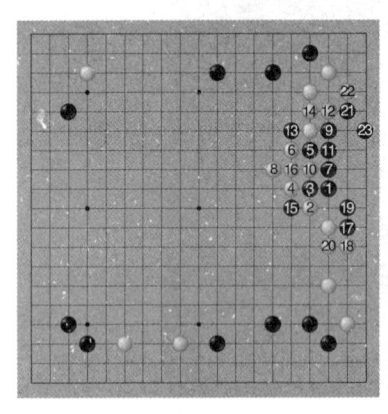

图2-39

图2-40 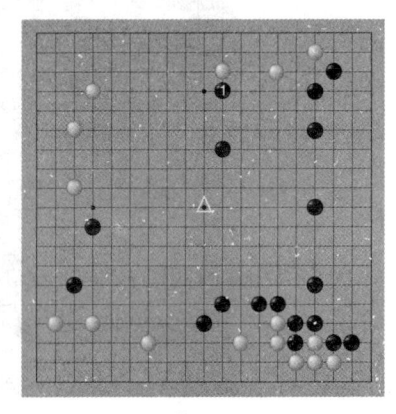　　　　图2-41

此时，如果白棋围空则成图2-42形状。白棋拼命围空，黑棋借势将白△一子与外界沟通完全断开，白棋一子孤立无援，唯有束手就擒，棋局当然是黑好棋。

而白棋如果从另一方向反击，黑棋仍有恰当的应对，其结果大同小异。

图2-43 白棋从右边扳起，经过交换至黑9止，白棋在右上角长确保活棋，此时黑棋在左上角动手，意在构建厚势。当然在左边的碰目的也是如此，至黑29止，黑棋在白△一子周围布起了天罗地网，黑棋胜势已定。

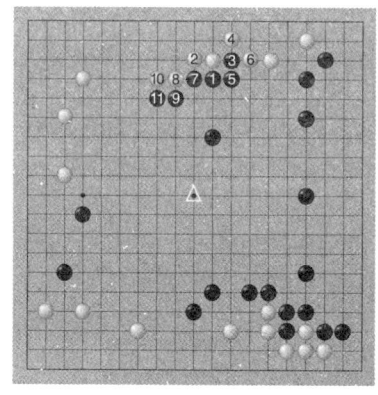

图2-42 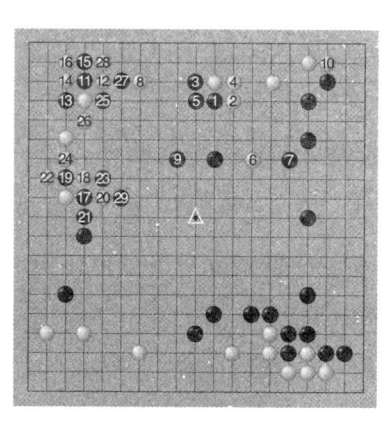   图2-43

03 拆边

拆边，是指围棋中的一方，以己方某子为基准，平行于某条边部，隔一路至多路着子，通常也称为"开拆"。

拆，是基本的常见的围地手段，主要指在边部大跨度行棋，意在造成一定的势力控制，并可能随棋局进展将控制范围转化为实地。同时也经常是限制对方发展的一种手段。

"用两三个子控制盘上的某一个空间"，这可以说就是拆边的意义。

拆边共有四种：二间拆、三间拆、四间拆和五间拆。一间拆与六间拆是特殊情况，属于例外。拆边位置共有三种：三线与三线、三线与四线、四线与四线。

一般来说一个子可以拆二，立二可以拆三，立三可以拆四，见图2-44、图2-45、图2-46。

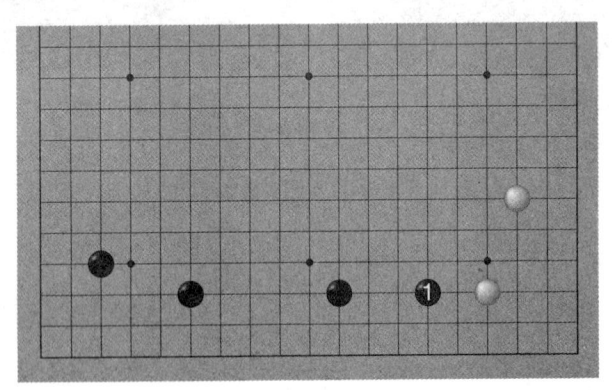

图2-44

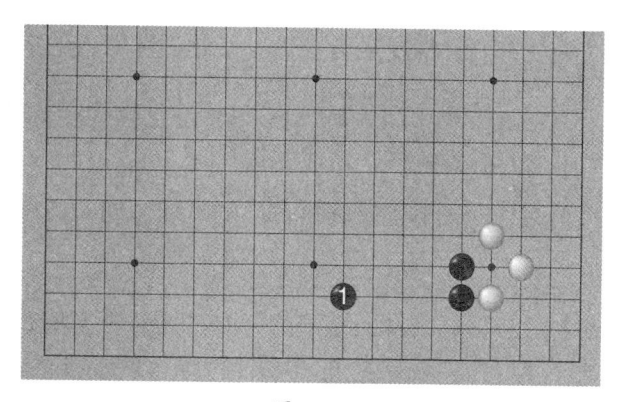

图2-45

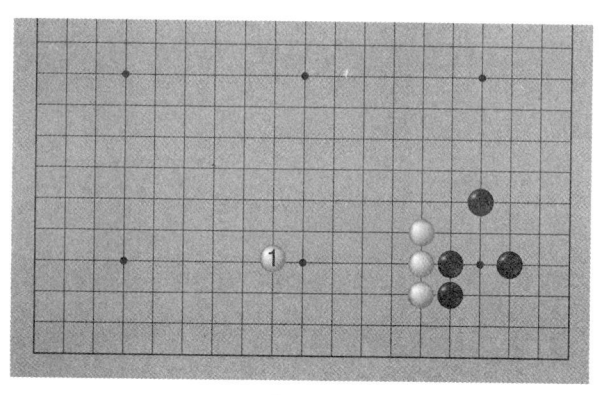

图2-46

在拆的问题上,拆的距离越近,连接就会越安全。狭拆,易于围空,但地域却较小。远拆,难于围空,但是一旦成空则地域较大。

1. 地域的问题

一般的初学者只想着自己如何围空,却是忽略了破坏对方的空具有同样的价值。如此一来,只会得不偿失,白白浪费了一个绝佳的进攻机会。

布局阶段有两种情况最为多见：一是破坏对方的空时，开拓自己的空；二是攻击对方的弱子时，围出自己的空。兼有以上两种作用的开拆为最佳，当优先选择。

图2-47 白1拆，不仅是开拓自己的地域，同时还有防黑攻击的作用。

图2-48 黑1拆，在开拓地域的同时，还有着夹攻白三子的作用。

图2-47的白1和图2-48的黑1都是有双重作用的好棋。

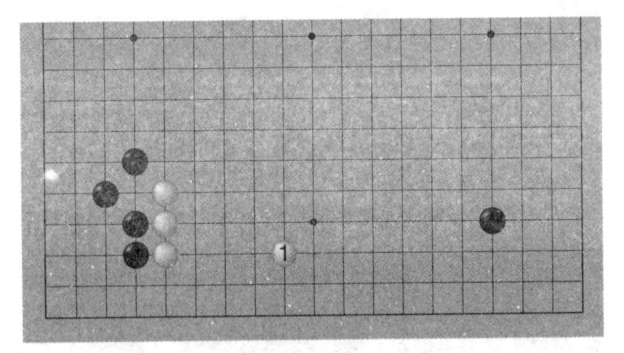

图2-47

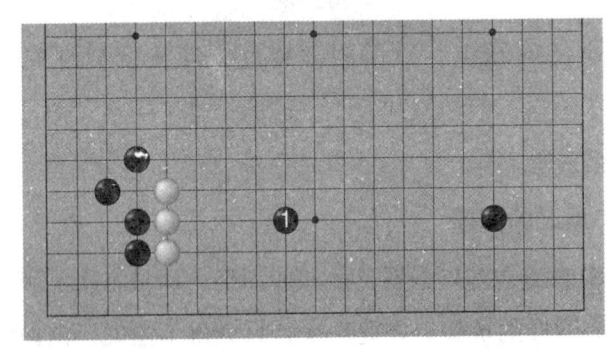

图2-48

2. 开拆的问题

开拆是以两三个子在盘上画出界线，占有某一空间。所以，从这一定义上来看，守角也是一种开拆。布局就是开拆的竞技，因为开拆后才能画出地域轮廓，才能扩大地域。

开拆有两个目的：一是求得安全；二是扩大地域。

图2-49 黑1是从单独的孤子开拆，意在求得安全，是属于防守性的，多见拆二。

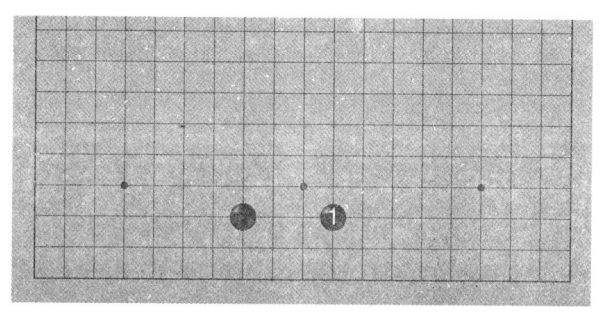

图2-49

图2-50 黑1拆则是为了扩大地域。

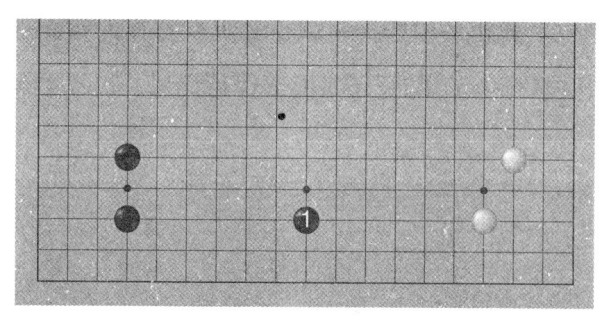

图2-50

拆二可以说是最基本的活棋形态。一旦连结，对方也无法分断拆二的两子。

图2-51 白1、3强行分断,黑拆二,至黑6接止,白是不成功的。三线与四线间的拆二,也无法分断。

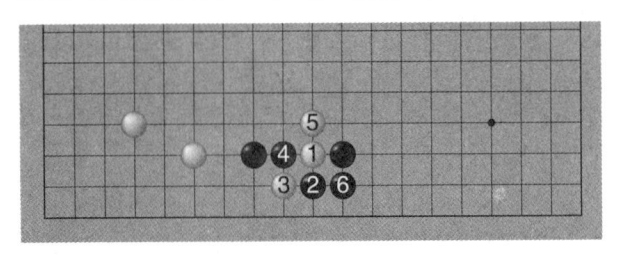

图2-51

图2-52与图2-53这样的结果,可以看出都是白棋无法分断黑棋。

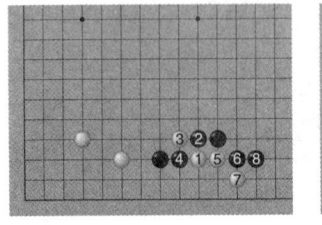

图2-52 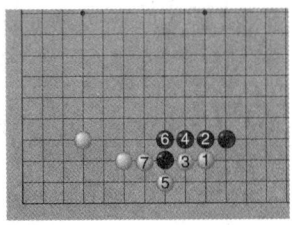   图2-53

图2-54 此棋形中的拆三就不如拆二那样的坚固了。如黑拆三时,白1打入,黑2托还是能够保持局势,以下至黑10止左右连接。

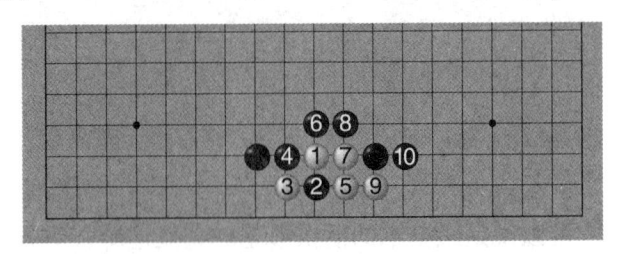

图2-54

图2-55 拆四有被打入的余地了。如白1打入，黑棋既无法吃到白1一子，又无法左右连接。只有在白1打入之前，于A位加补一手才能连接，并守住实地。

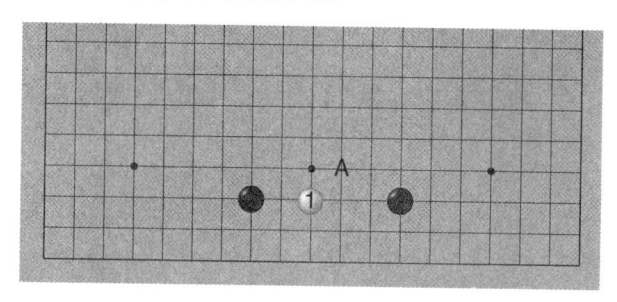

图2-55

图2-56 黑1是在右边有两个子的情况下拆三，正所谓立二拆三，是坚固的形状，白棋没有打入的余地。

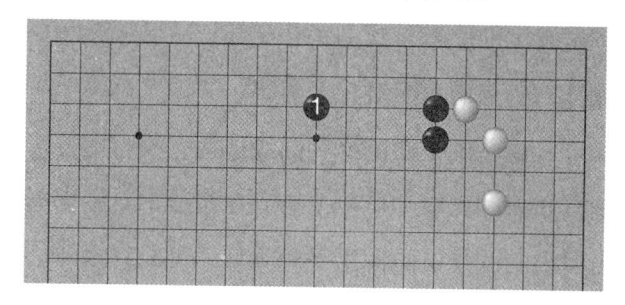

图2-56

总结来说，开拆越窄，连接越坚固；开拆越广，形态越薄。所以，周围情势薄弱时，要狭小开拆；周围厚实时，要广阔开拆，这就是开拆的基本原则。

04 腾挪

所谓腾挪，就是指在围棋局部战斗中，在敌强我弱的情况下，采用的一种轻巧而有弹性的下法，以及处理己方孤子的一种手段。

应该注意的是，腾挪的一方是在逆境中作战，正面硬拼必然会遭受到较大的损失，而东碰西靠往往能够求得较好的行棋步调。在有些情况之下，为了及时转身而弃掉一些棋子也是可以的。

高水平的棋手往往总能恰如其分地掌握腾挪技巧，做到弃取自如，从而在棋局中获益。

腾挪常用的局面有防御、治孤等。

腾挪可以说是围棋中的一种高级战术，没有捷径可走，只能依靠围棋知识的积累和自我总结，在实战中对围棋局面做出判断。需要说明的是，腾挪水平的高低，可以直接评估出一个棋手的棋力高下。

例一

图2-57 此形中白二子受攻，应如何处理？

图2-58 白1飞是常用的生根法，但被黑2顶后，黑获得很大外势，同时黑在角上也获得很大利益，白棋位置偏低。

图2-59 白1扳不甘心被封锁，黑2断必然，白3打，黑4长，这时白在A、B两点不能兼顾，白作战失败。

图2-60 白1先搭，采取腾挪战术，诱黑2来断，再走白3位扳，白5打，白7长时，黑断不了白。白冲破封锁成功。

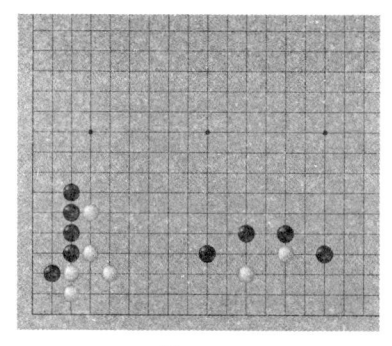

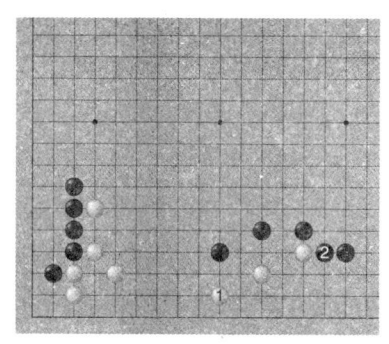

图2-57

图2-58

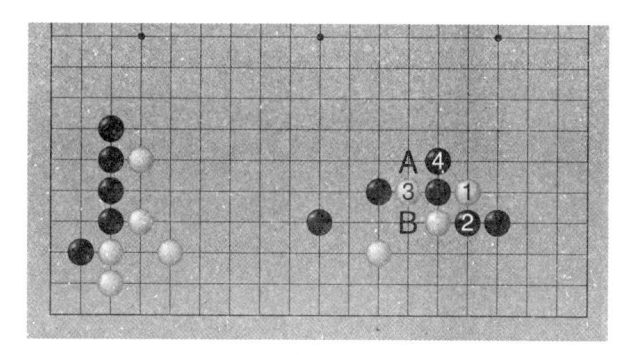

图2-59

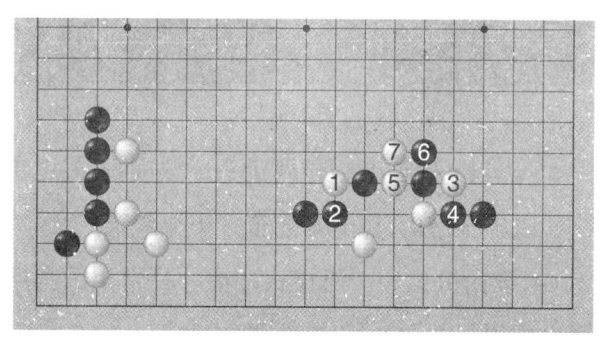

图2-60

图2-61 白1搭后,黑2如扳,则白3轻松接回。黑白双方皆有所得。白腾挪成功。

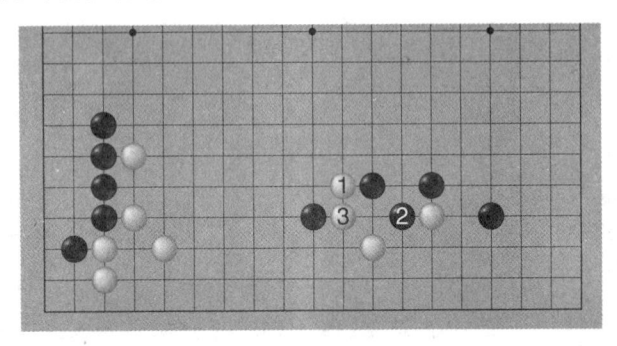

图2-61

例二

图2-62 黑一子被白△一子尖攻,此时黑如何逃?

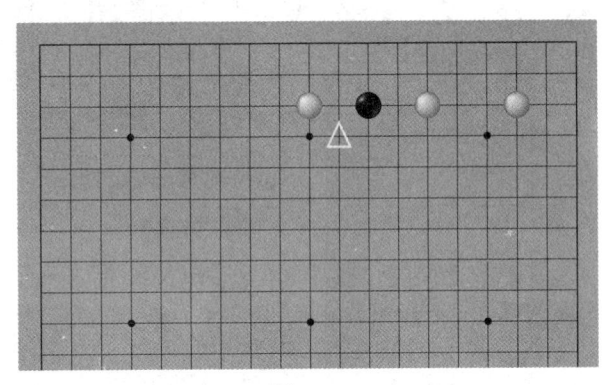

图2-62

图2-63 黑1长,被白2扳位两子头,黑3曲不好,走成"愚形三角",以下至白6,黑非常痛苦,十分危险。

图2-64 被白扳位后,黑1搭、3虎才是常用的腾挪之法,这样,黑出头很畅,白2时没有攻黑之法。

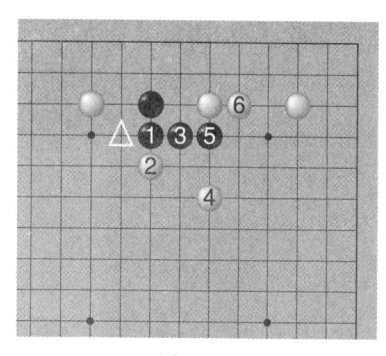

图2-63

图2-64

例三

图2-65 白立时，黑如何下呢？

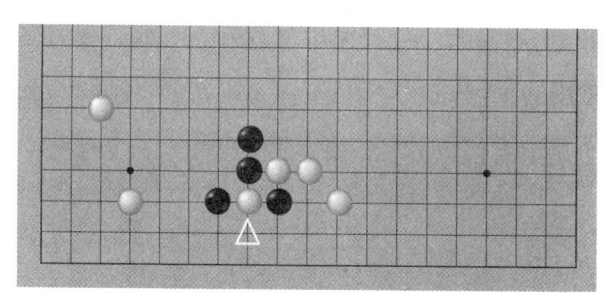

图2-65

图2-66 一般挡为白2后，黑3补形，对白角毫无影响，黑棋一无所获。

图2-66

图2-67 黑1碰是妙手,白2只得如此,黑3再扳,白角损失惨重。

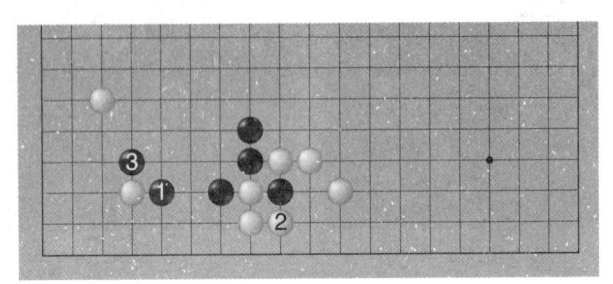

图2-67

图2-68 黑△一子如何腾挪呢?

图2-69 黑1碰,至黑5简单处理好。三路腾挪常碰撞,碰是腾挪常用的手段。

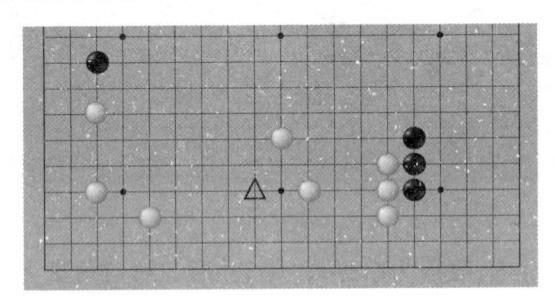

图2-68

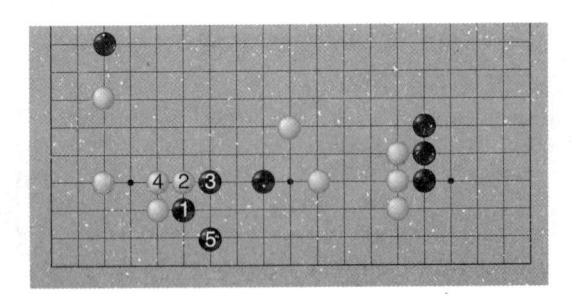

图2-69

例四

图2-70 黑棋断严厉,白棋应如何下呢?

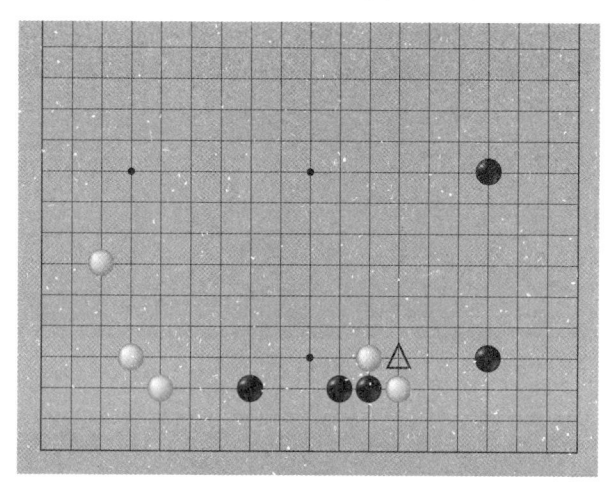

图2-70

图2-71 此时可以用到"腾挪自靠始"的棋谚,东碰西靠,借此寻求腾挪步调恰是此形的正着。

图2-72 若黑2,则白3可得腾挪。

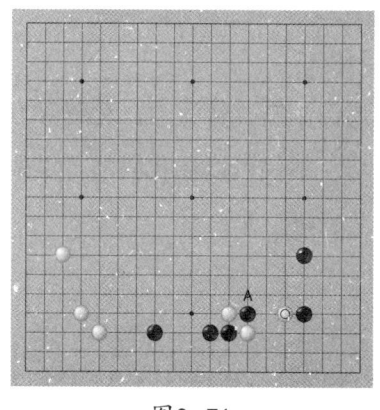

图2-71

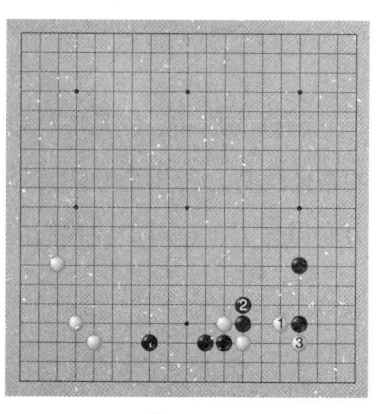

图2-72

图2-73 若黑2下立,则白3打,借此整形。

图2-74 则是最后形成的一个必然结果,白棋成功。

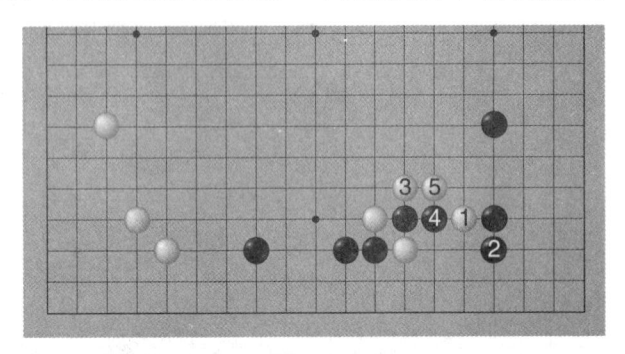

图2-73

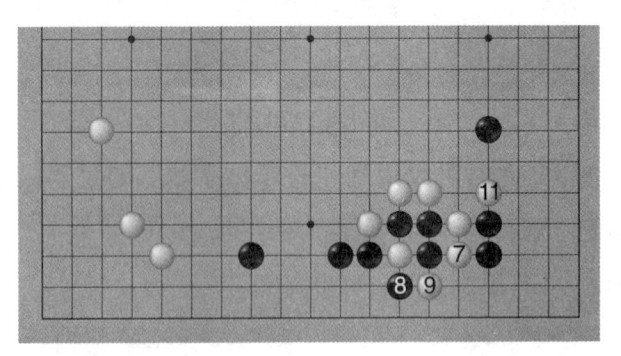

图2-74

围棋的战斗,就是要尽量在局部制造优势兵力,化解对方的整体优势。采用巧妙的腾挪技巧,不仅可以让我们的行棋威力变得强大,也可以让我们的棋艺更进一步。

05 浅消

围地对局中大模样的浅消下法,在中盘战斗中最为常见,这是因为下棋时,对局的双方总是想在围空上取胜对手,而大模样是最好的取胜之道。因此,围绕大模样我们应该怎么样去破空?破坏大模样有很多方法,浅消是有效的方法之一

当对方围得模样较大,打入又不一定安全时,就可以用浅消的着法来压低对方,能有效地缩小对方的模样就达到目的了。浅消的着法不多,常用的只有镇和肩冲两种,浅消的下法选点很讲究,如选点不当,就会越"消"越大。

例一

图2-75 右上五个白子构成了一个庞大的模样,黑如下A位打入实在危险。那究竟该如何下呢?

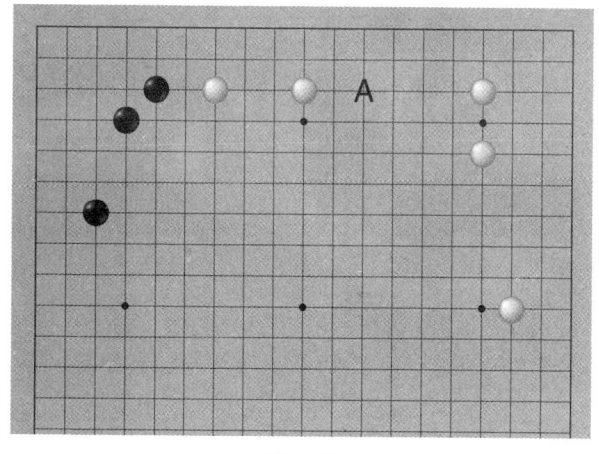

图2-75

图2-76 黑1肩冲选点正确，黑1、3压低对方之后于5位大跳，迅速逃出是常用的浅消着法，这样白棋就无法做成大模样了。

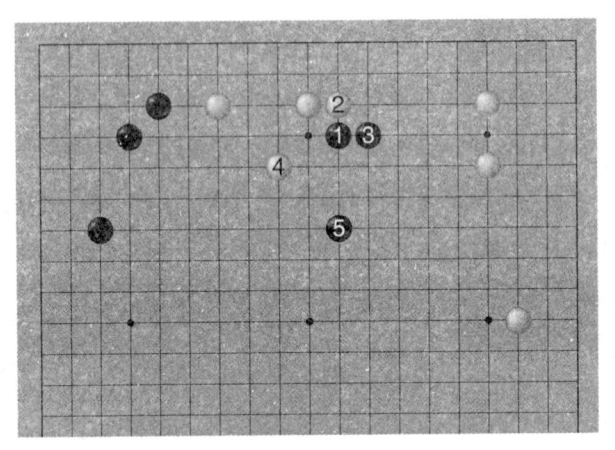

图2-76

图2-77 当黑3长时，白也有在4位曲的下法，以下至黑7飞出，也达到压缩白模样的目的。

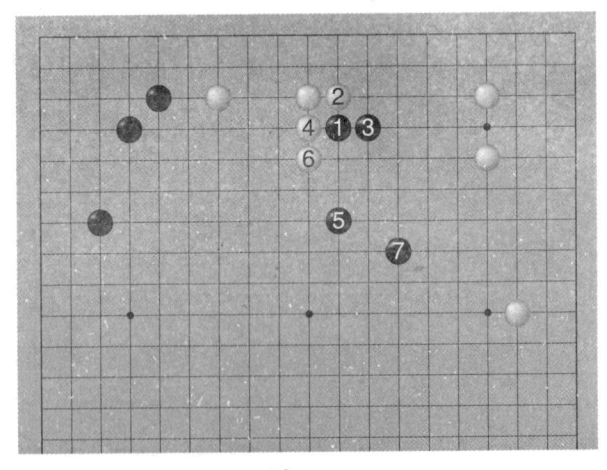

图2-77

例二

图2-78 白右上无忧角加上边的两个子形成了"两翼张开"的大模样。黑棋怎样浅消白棋呢?

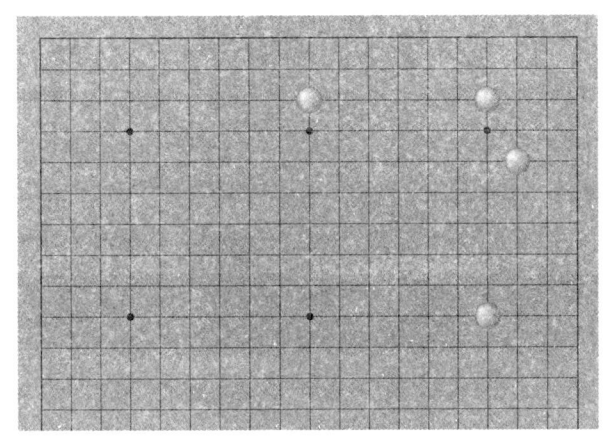

图2-78

图2-79 黑1镇是常用的浅消着法,白2尖,黑3、5之后迅速飞出,这样破掉了白棋上边的模样。

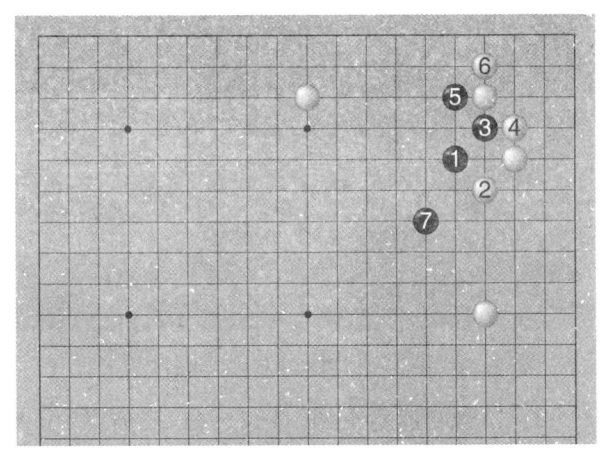

图2-79

图2-80 当黑1镇时,白2飞保上边,黑3搭、5断,是常用的腾挪着法,以下至黑11也有效地破掉了白棋的空。

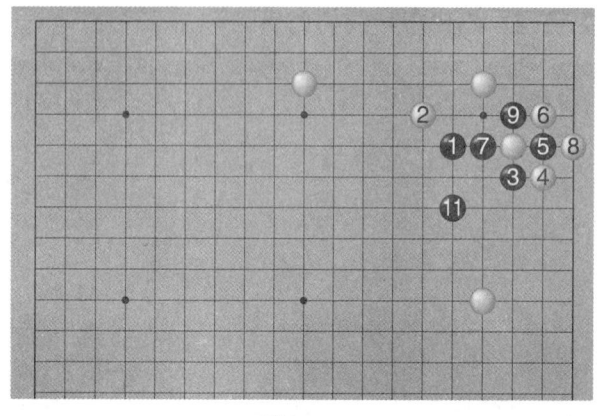

图2-80

例三

图2-81 上边白棋在右连成一片,黑怎样压缩白棋呢?

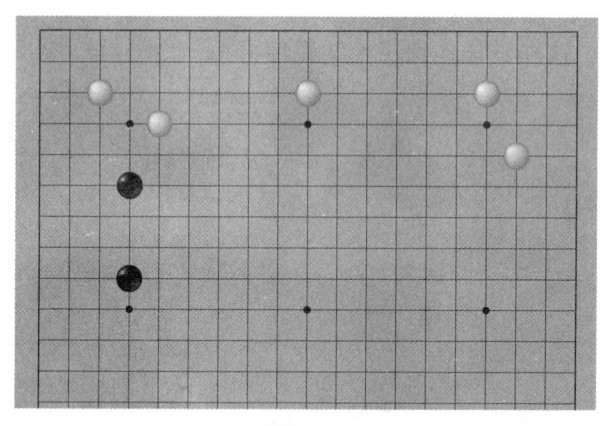

图2-81

图2-82 黑1肩冲选点不当,白2、4长之后于6位飞,左上白地大起来了,黑浅消失败。

图2-83 黑1镇较好,白2飞保右上,黑3搭、5断即可压低白棋,以后黑可在A位搭,中腹黑棋很厚。黑5=白10。

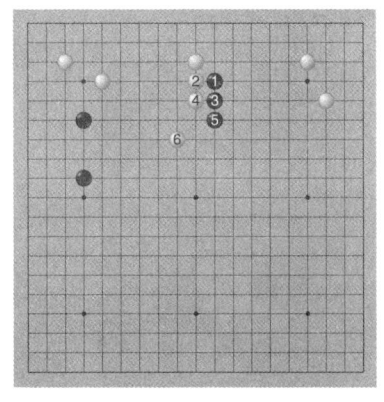

图2-82　　　　　　　图2-83

例四

图2-84 白棋面临黑棋大模样威胁,白棋该怎样去及时浅消这种大模样呢?

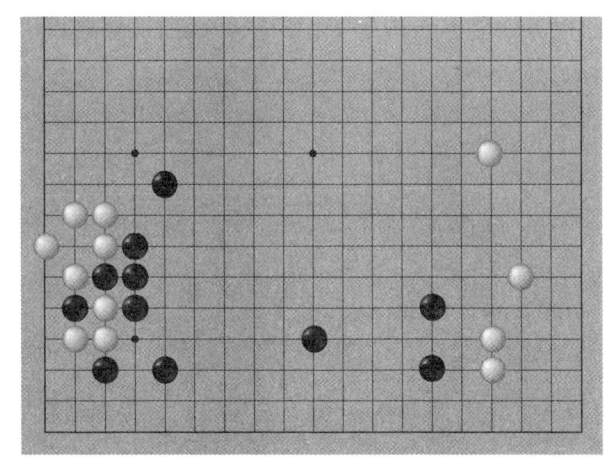

图2-84

图2-85 白1浅消的选点是很有计划性的，黑2跳补一手必然，白3再平跳一手，黑棋大模样已经被压缩成一定程度，而白棋自身也将没有被黑棋攻击的危险。

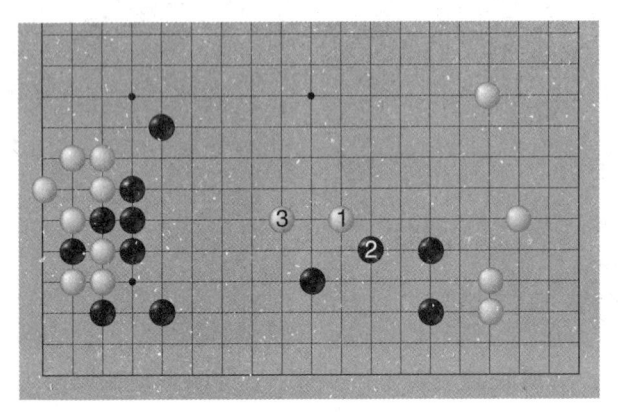

图2-85

图2-86 对于白1的浅消，黑棋若是2位靠，则白3扳，当黑4退后，白于5位刺、7靠。白棋的棋形富有弹性，而右边黑三子则被白棋分断陷入苦战局势，白棋的浅消计划将得以实现。

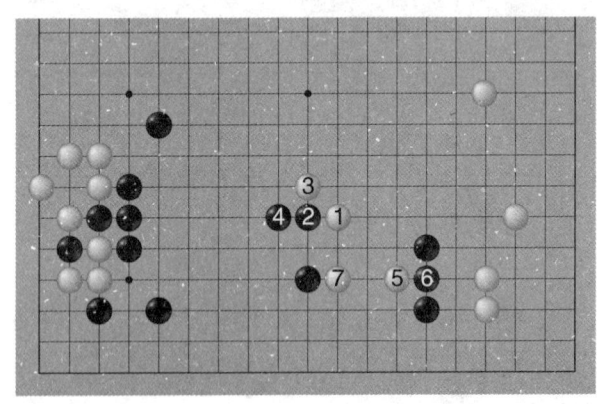

图2-86

例五

图2-87 为常见之棋形，白棋应该如何去重视黑棋的大模样呢？

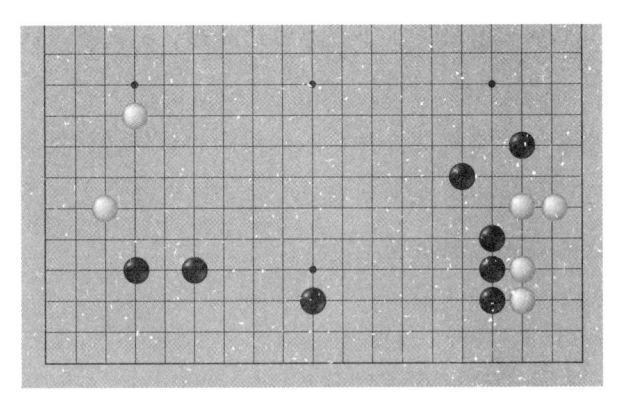

图2-87

图2-88 白1从中间开始镇头是好棋，黑2飞补强左边的防守之势，白3跳，黑4也会跟着拆一，白5大跳呈猴形加强自身安全。通过白棋的及时浅消，黑棋的大模样荡然无存。

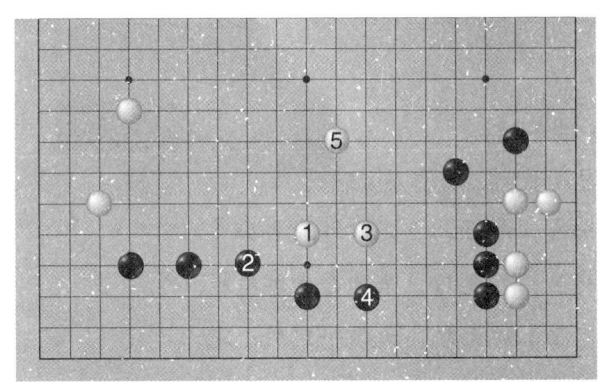

图2-88

趣味链接

王质是晋代一个樵夫。传说，有一天他去山里打柴，在山中看到两个童子下棋，棋下得非常的精彩，把王质深深地吸引住了。

王质看棋看得极其专注，等到终局的时候，他发现砍柴的斧柄已经烂掉了。等他回到家里，才知道已经过去了多年，和他同时代的人都已经去世了。

围棋口诀

扳杀点杀扳点杀，迫敌走成撞紧气，再想造劫做劫杀。
有时双活也便宜，要是条件勿成熟，切勿乱动等时机。
三三肩冲要注意，已边长来敌方飞，四四遇托需连扳。
弃取定要想仔细，攻角须从宽处理，天五山是必争地。

围棋规则

要杀气，看仔细，先紧外气再公气。
公气长，外气短，杀气全看谁有眼。
都有眼，比大眼，大眼一定胜小眼。
大眼杀，无断头，四五五八六十二。

第三章 死活棋基础

解决死活棋的问题是一局棋成败的关键。死活棋的技巧非常多,很难分门别类,尤其是有时并非是单一性的,而是综合性的。因此,具体情况要具体分析。

01 黑白交互下子

前文所讲述的都是有关围棋的基本知识或基本走法，而一些比较复杂的实战因素还未考虑在内。下面我们再具体了解一下"黑白交互下子"的原则，这样会使我们对围棋的下法，会有一个更为直观的认识。

例一

图3-1中排成直线的棋子是连接在一起的。

图3-2斜向排列的棋子呢？暂时无法断定它是连接在一起或被切断。

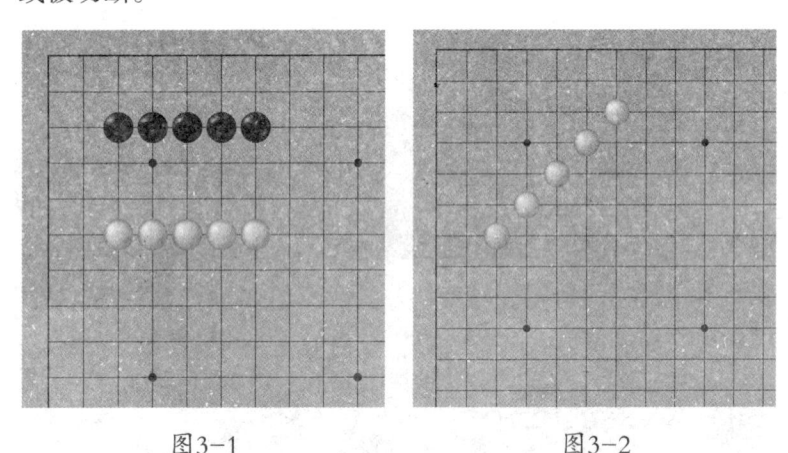

图3-1

图3-2

图3-3 黑棋占到1、2的位置，白棋就被切断。但是黑棋要连续下完1、2两手才算数，但在实际的对局中，连下两手的情况不会发生。

图3-4 黑1时白2（若黑1改下2处，则白2就下1处），黑3时白可以在4处接。以下黑5、白6、黑7、白8，结果白棋还是可以全部连接在一起。

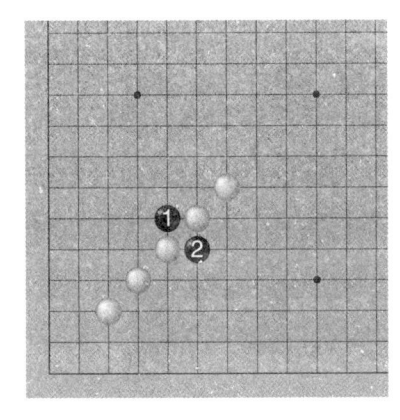

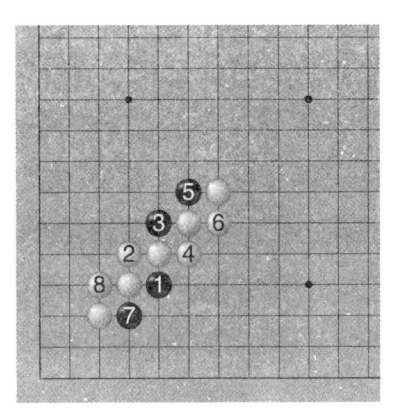

图3-3

图3-4

如果白棋不应对，而把棋下在别处，就会被黑棋切断。在下棋时要注意，绝不可抱着侥幸的心理，期待着对方疏忽以切断其棋子而获利。

例二

图3-5 白棋的形状叫作"双"，这种形状的棋子是连接在一起的。

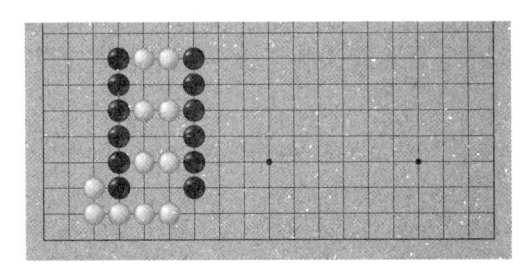

图3-5

图3-6 黑1准备切断白棋时，白棋可以白2接。如果黑1改下2，白可以1接。以下黑3、白4、黑5、白6，白棋可以连接在一起。下黑1时如果白棋不应对，当然会被黑2切断，但下棋要本着"黑白交互下子"的原则，白棋是不怕被黑棋切断的。

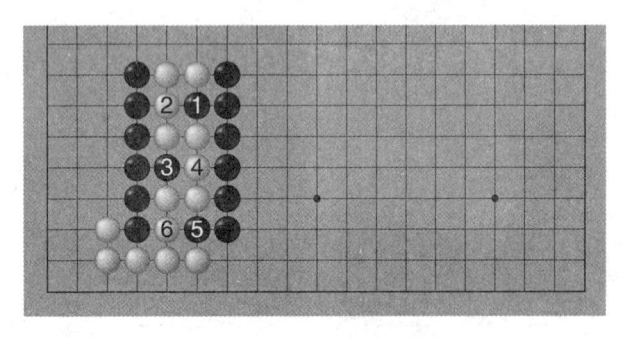

图3-6

在现代围棋规则中，规定黑先行，黑先白后，交替下子，每次只能下一子，中国古代规则则是白先行，棋子落子后，不得向其他位置移动，棋子下在棋盘上的交叉点上，轮流下子是双方的权利，但允许任何一方放弃下子权而使用虚着。

围棋中先下子的黑方有一定的先着之利。而为了补偿白棋后下子的不利，现行中国围棋竞赛规则规定：执黑棋的一方在终局计算胜负时，需要贴给白方3又3/4子。这样，在胜负数棋子时，黑棋185个子才能为胜，胜3/4子；白棋177个子为胜，胜1/4子。

02 死棋与活棋

例一

图3-7 中被白棋团团围住的两块黑棋都是无论怎样都无法杀死的活棋,也就是典型的"有两眼的活棋"。

图3-8 那么这一块黑棋应如何下呢?好像和前图很相似。

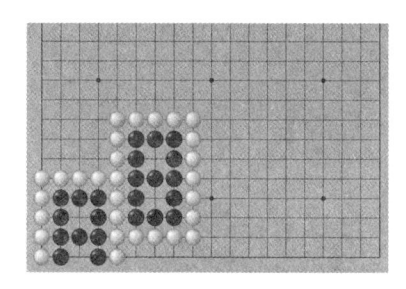

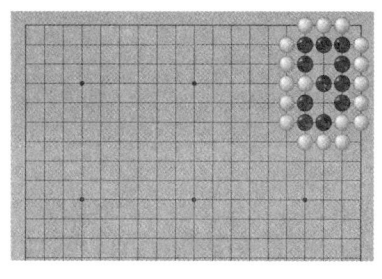

图3-7

图3-8

其实两者大不相同,图3-8 的下方三颗黑棋已经被叫吃,图3-9 白棋可下白1提掉这三颗黑子。

图3-10 黑棋被提掉三子后,剩下的一半也被叫吃,所以这整块黑棋是死棋。

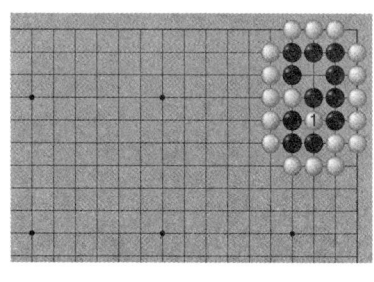

图3-9

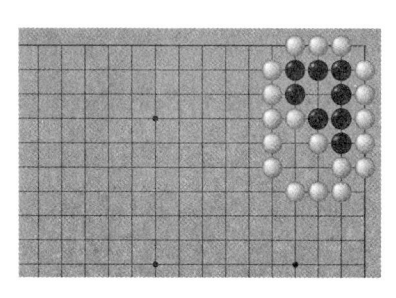

图3-10

例二

图3-11 这块黑棋又是如何呢？实际图中上方的五颗子被叫吃。

图3-12 因此白棋可以提掉这五颗黑子，而剩下的一半也无法逃脱，所以这块黑棋也是死棋。

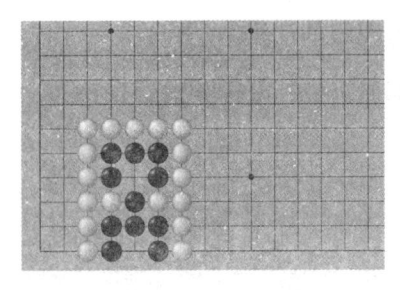

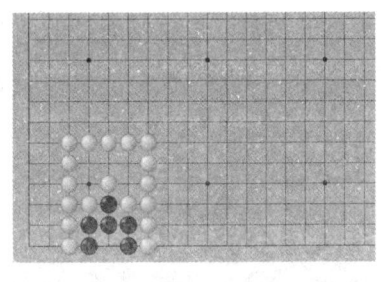

图3-11　　　　　　　　图3-12

都有两个眼的棋，之所以一个属活棋，一个属死棋，其差别就在两者有"真眼和假眼"之别。因此要能区别真眼和假眼才不会吃亏。

图3-13 黑棋是活棋还是死棋呢？虽然上方一眼是真眼，但下方边上一眼是假眼，所以这块黑棋是死棋。这块棋也不属于要"打劫"的棋。白棋可以不理，等全部棋走完，白再来提取黑子，此时黑子再也找不到劫材，所以白棋可以第一次提一黑子，第二次待热子变冷后就把剩下的八子提掉。

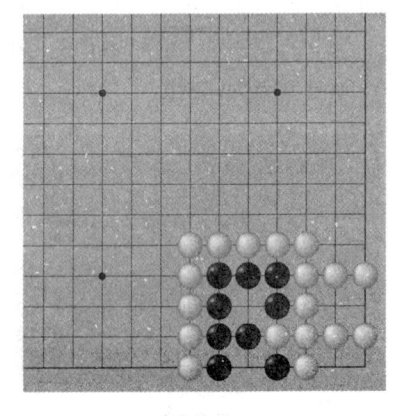

图3-13

例三

图3-14 观察一下此棋形中的黑棋,能够发现它同样是属于死棋。

图3-15 右边的黑棋是死棋,而左边的黑棋是活棋。从中可以看出,区别真眼和假眼对棋的死活的重要性。

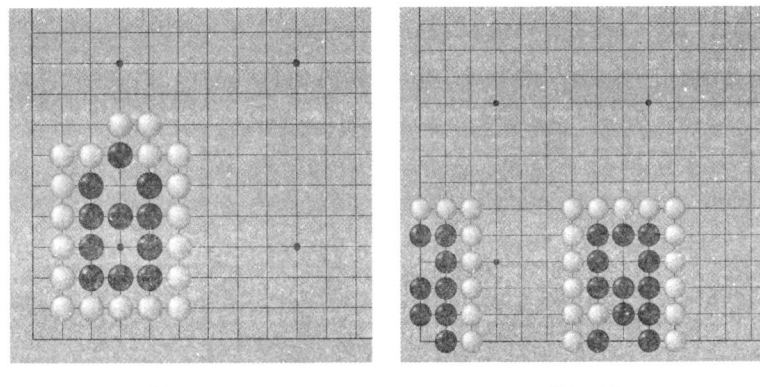

图3-14　　　　　　图3-15

图3-16 判别真眼和假眼的差别,首先要注意眼的四个角落的棋子,也就是有△记号的棋子。

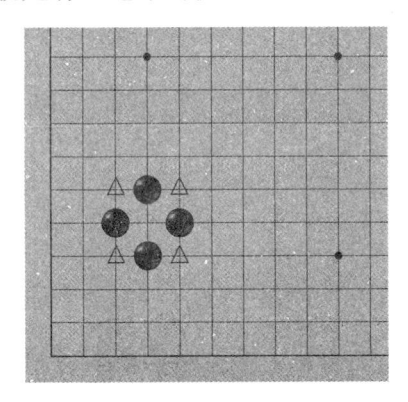

图3-16

如果四角的棋子齐全，这个眼就是真眼（要有两个真眼才能活）。

例四

图3-17的眼在A处缺少一子，但仍是真眼，其效力与前图完全相同。同时也并不限于A处缺少一子，就是缺少△的一子，只要其反侧的A处补有一子，效力便完全相同。换句话说，四角中仅有一个角不完整，仍然是真眼。

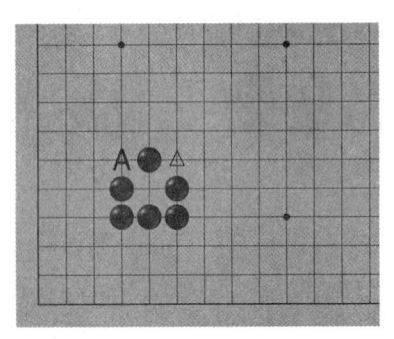

图3-17

图3-18 但是如果四角中有两个角不完整，这个眼就会变成假眼。

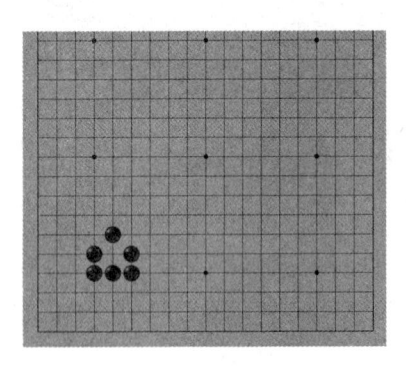

图3-18

例五

图 3-19 黑棋眼形的两个角为白棋所占,这个眼就会变成假眼。

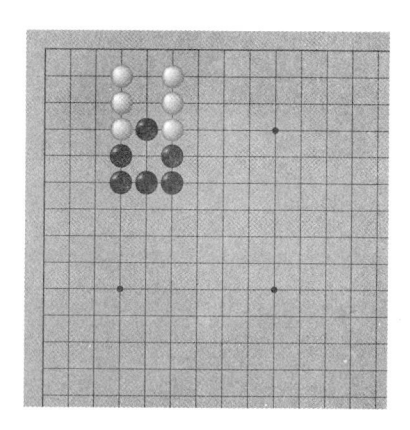

图 3-19

图 3-20 形状如图示的眼也是一样。

图 3-21 如果这两个不完整的角为白棋所占据,就会变成假眼。

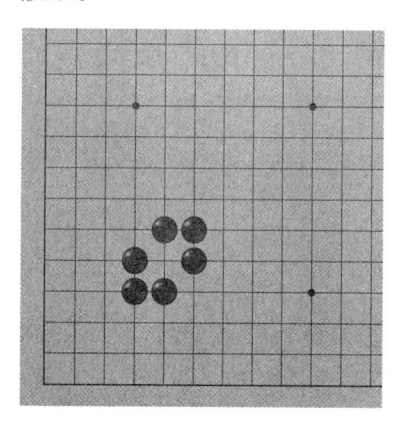

图 3-20 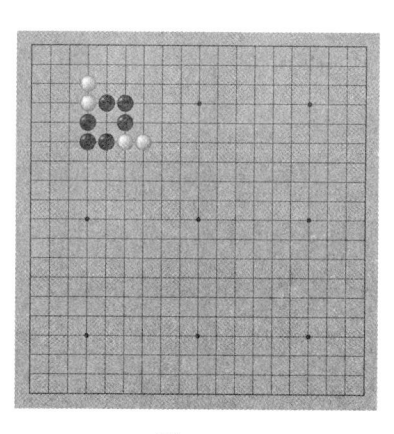　　　　　　　　图 3-21

例六

以上都是在棋盘中央形成的眼，下面我们来看一下角上和边上的眼。

图3-22 这是边上的一个真眼。围成此眼的五颗黑子中如果不全，这个眼就会变成假眼。

图3-23 有一个角不完整，就会变成假眼。图中边上的一眼就是因此而变成假眼的。

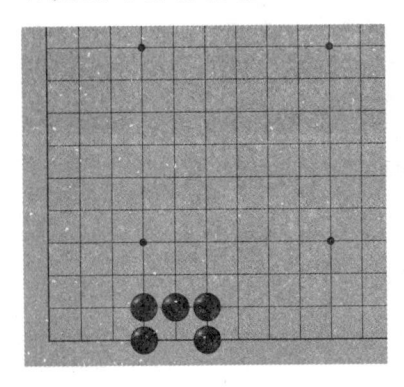

图3-22

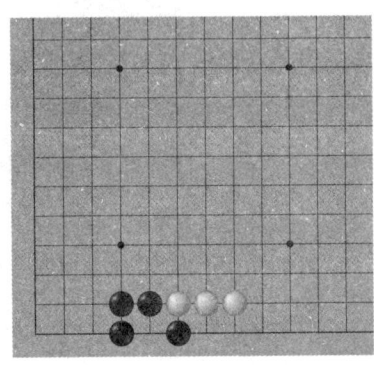

图3-23

图3-24 下面是角上眼，图中三颗黑棋中缺任何子都会变成假眼。

上面所述都是为方便而做出的单方面解释。但真对局起来，棋势会随着双方下子而时刻变化。因此敌我眼形也会随之变化无穷，以致形成真眼、假眼及未完成眼形等。

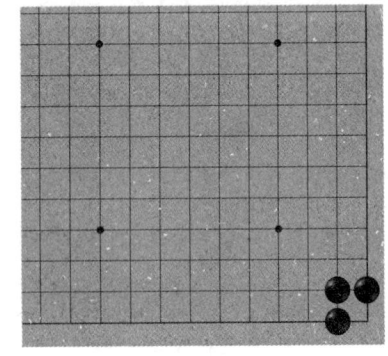

图3-24

围棋中如果我们不具备辨别真眼和假眼的眼力，在实际对局中将会极为吃亏。

此外，我们还应该训练养成能看出后面几步棋的变化的能力，才会进步。但一定要记住围棋"黑白交互下子"的原则，而随时预测对方的下一步棋将下在何处。

例七

图3-25 下一步轮到了白棋下子，这一块黑棋是活棋还是死棋？

图3-26 答案是活棋。若白1则黑2就成真眼，倘若白改下2处，则黑1同样成真眼。

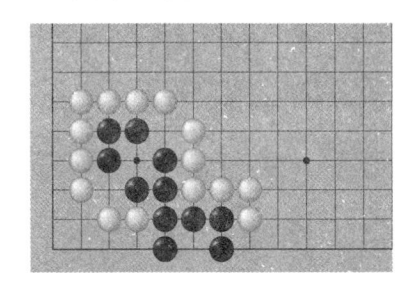

图3-25　　　　　　　图3-26

图3-27 这块黑棋是死棋还是活棋？

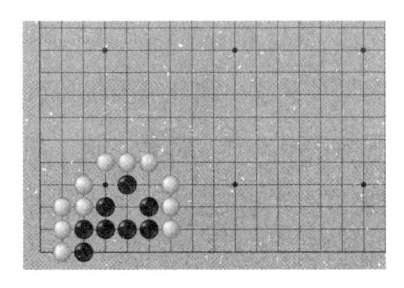

图3-27

图3-28 是活棋。白1时黑2，白3时黑4，便有上下两眼。倘若白由3改下4处，黑棋可以下在3处吃掉这一颗白子，同样可以做眼。

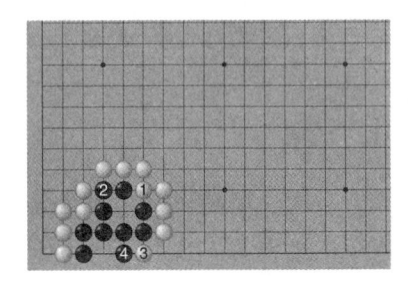

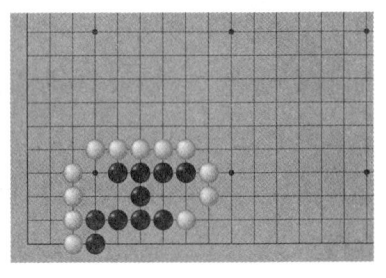

图3-28

图3-29

图3-29 这块黑棋属于活棋，还是属于死棋？

图3-30 这块黑棋虽然还未做出一个真眼来，但确实是活棋。比方说白1黑2，白3黑4，很轻松地就可以做出两眼。

在此，1和2处是可以相抵的，因为白棋无法做到同时破坏黑棋的两个眼位，所以黑棋可以保留其中之一。

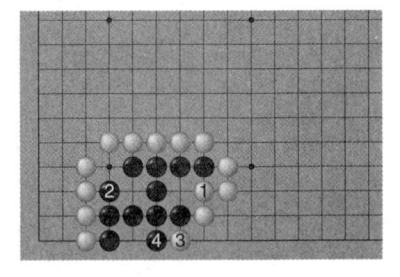

图3-30

前面的眼的知识看起来简单，但在实际对局中，眼的形态千变万化，很容易被迷惑，因此需要加以区分，把握棋局变化。如下节的大眼与小眼，其实都是一眼，如果不搞清楚，在实战中就难以把握。

03 大眼与小眼

在围棋中双方都有眼的杀气，就要看这个眼位的大小，眼位大的一方可以"俘获"全部的公气，在围棋中被称为"大眼杀小眼"。

图3-31 同样是一个眼，却有大小之分，右边的三个眼是标准的小眼。

图3-32 这里被白棋分别围住的四块黑棋，也都是只有一

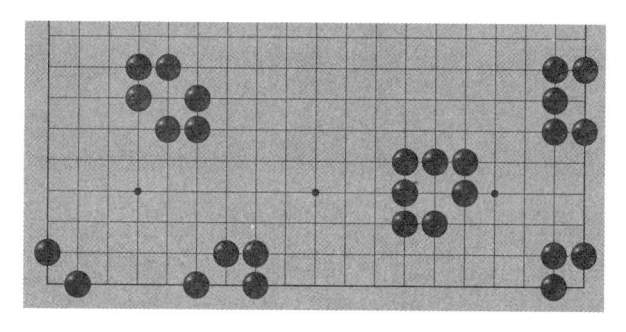

图3-31

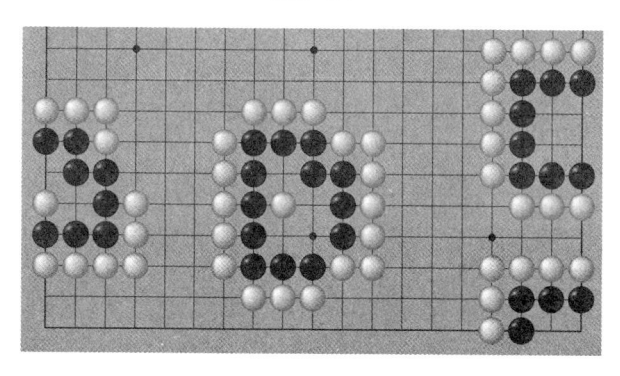

图3-32

个眼，但却都是大眼。因此，通过紧气，大眼最终会越变越小，直到被吃。

图3-33 通过白棋不断往黑棋大眼里投子，逼迫黑棋提吃白棋，使得大眼越变越小，所以后来的结果是：黑棋只能等待白棋慢慢来吃。

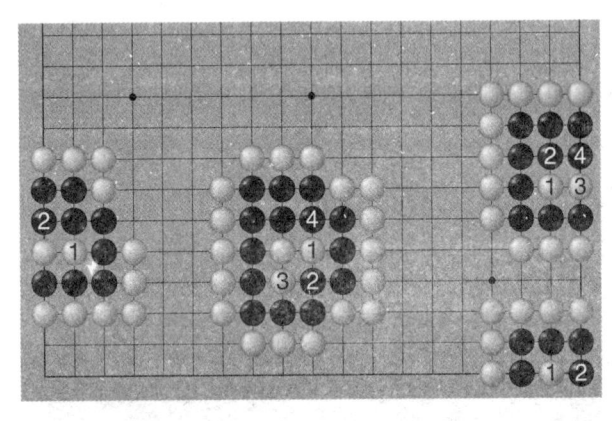

图3-33

这里我们可以稍微记一下各种大眼的气都有多少。

直三、曲三：3气。

方四、丁四：5气。

刀五、花五：8气。

花六：12气。

至于为什么是稍微记一下？这是因为在围棋实战中，周边形势往往千差万别，是需要一步一步地计算才会更为准确。

04 死活棋思考方法

初学者在懂得了死活棋的下法后，那么对围棋的理解就会更上一层楼了，因为围棋的下法其实就是一种选择，每步棋一般都要做出几个方案，选出最佳着点，就是第一选择。从计算机的角度来看，围棋是树形的结构，而选择最优分支是要下苦功夫的。

1. 穷举法

图3-34 "别，别，别打我"，这个方法其实谁不知道呢？但是它确实是一个行之有效的方法，虽然说，这是一个既费时又费力的方法，但是在初学的阶段，却还是极为有用的。当我们就某个题目找不出第一点的时候，便可以去试试这个方法！

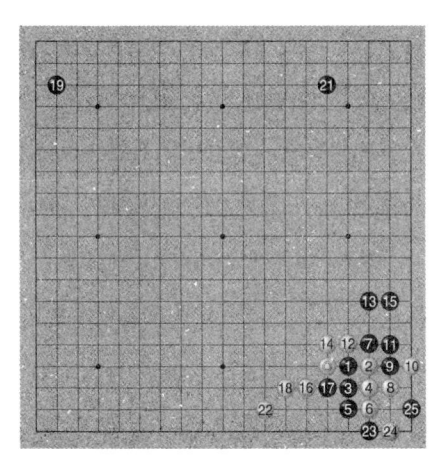

图3-34

2. 推理法

这确实是一个容易的方法，"敌之急所即我之急所"就是推理的一种，也是很常用的一种。

3. 方向法

这个方法应用广泛，从定式、布局到中盘都可以运用。那么死活怎么用呢？这个方法可以避免漏算，比如一道题，可以从左边走，也可从右边走，还可从中间走，但是都要计算一下，而初学者往往都是只计算走一边，却漏了看另一边。如果确定方向后，便可用穷举法再进行细算。如图3-35。

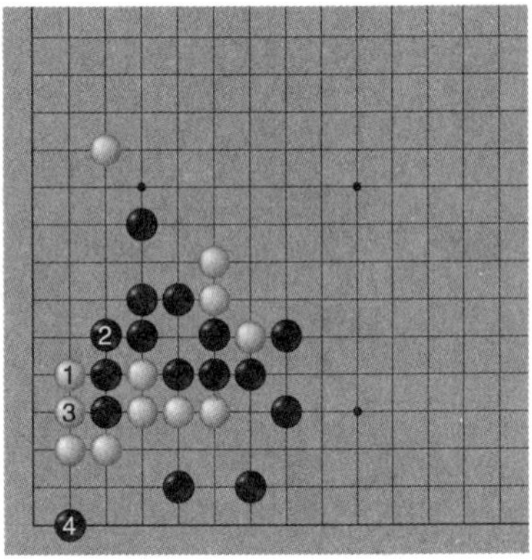

4. 手法法

这是围棋高手爱用的方法，就是采用尖、立、跳、挖等手法，计算的时候以手法的方式进行计算，学习的时候以此归类进行学习。

图3-35

5. 棋形法

先看一看，是长形，还是钩形或方形，那么就有不同走法了。是点还是飞，要看棋形，还要学会总结。

6. 定格法

图3-36 有的棋，有几步是必然的交换，那么在考虑的时候，就得从交换后的情况开始考虑。这样便于思考，尤其是考虑不清的时候，先构想出某种形后再想想此形的解法。

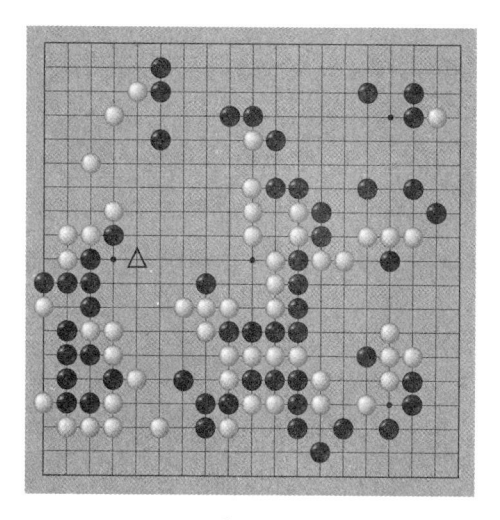

图3-36

7. 周边法

就是在下子前,该子周围的四个点都要考虑到,很可能没有想的那一点就是正解,往往一路的棋便会漏掉。

8. 二分法

这是一种考虑的方法,在心中要想,挡还是不挡,粘还是不粘,那么就会考虑得更全面。往往对方走一步,而你并不是一定要那样应对的。

9. 弃子法

当某些棋局不得其门而入时,就可以考虑弃子。当然,弃子不是随便弃的,也是要"有弃有保",否则就等于自动投降。

05 活棋基本形态

活棋是围棋术语,有两个或两个以上"眼"的棋是活棋。初学者要记住不浪费每一手棋,另外,还应掌握一些活棋的基本形态。

1. 形态一

图3-37、图3-38这两块黑棋都是各有两眼的活棋。同时两眼都属真眼,白棋已找不到任何机会。

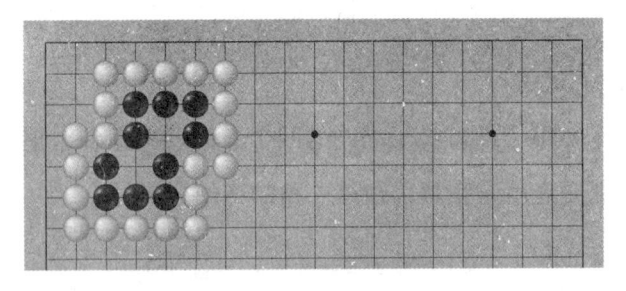

图3-37

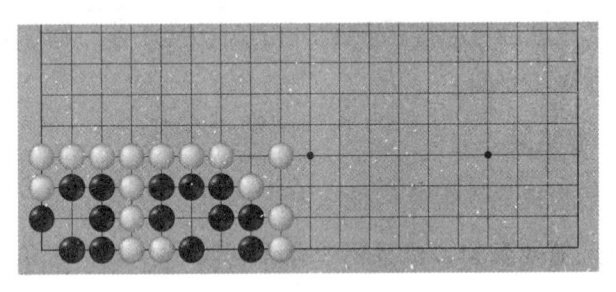

图3-38

图3-37黑被白围在中央,而图3-38各为边上和角上的棋形,尤其图3-42左下角黑棋是以最少棋子保持活棋的例子。

2. 形态二

图3-39 这块黑棋是活棋,还是死棋?

图3-40 想一想图中的黑棋是否为活棋。

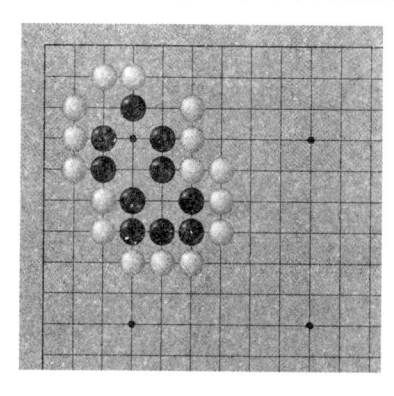

图3-39 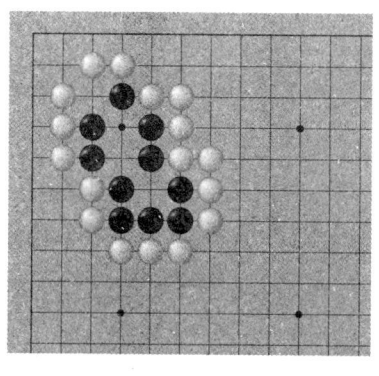   图3-40

图3-41 是图3-39 问题的答案,黑棋是活棋。因为白1时黑2,就有两个真眼。

图3-42 是图3-40 的答案,而这块黑棋却是死棋。因为白1有机可乘。这一手棋叫作"扑",也是一种牺牲打的妙手。

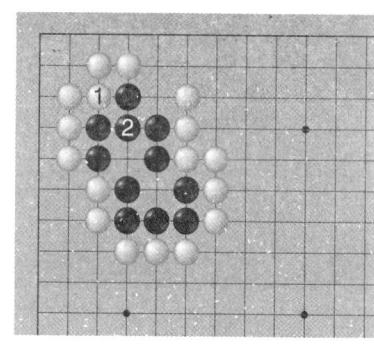

图3-41 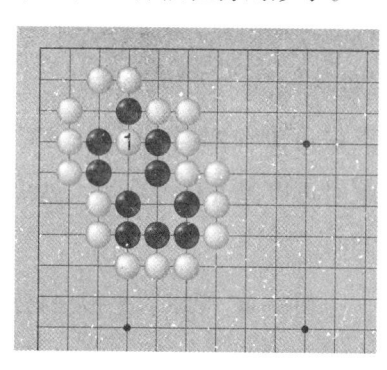   图3-42

图3-43 如果黑棋以黑2提取一颗白子,白棋可用白3破黑棋的眼位,使之变成假眼,可使黑子成为死棋。

图3-44 既然有了这种方法,那么对黑棋,白棋是不是也可以采用此方法呢?

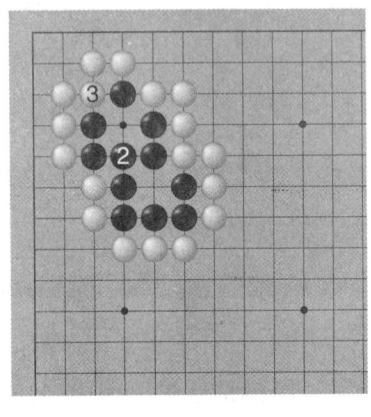

图3-43 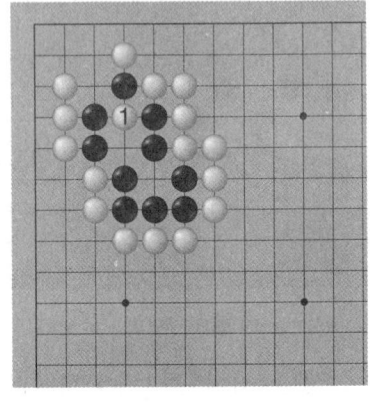　　　　　　　　图3-44

图3-45 答案是否定的。倘若黑棋不小心以A处提取扑进的一颗白棋,就会被白棋在2处破眼成为死棋,但实际上黑棋可以在2处接,等白B叫吃时再以黑A提掉白子,就成两眼。

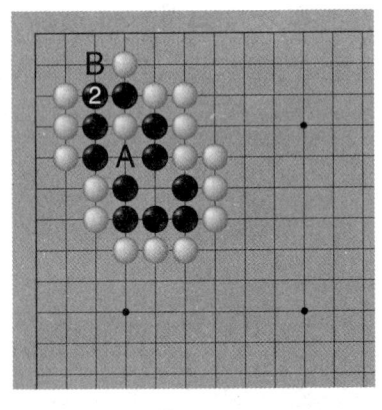

图3-46 黑棋若是被白1扑进时,黑棋是不是可以在黑2接呢?

图3-45

答案也是否定的。请看图3-46，若黑2接则左边四颗黑棋被叫吃，白棋马上可以把这四颗提掉。

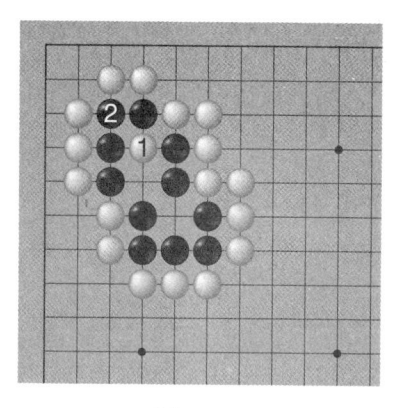

图3-46

图3-47、图3-40和图3-44虽然极为相似，但却不属于一类。关键是棋形中A处有没有白子，这可以决定整块黑棋的生死。

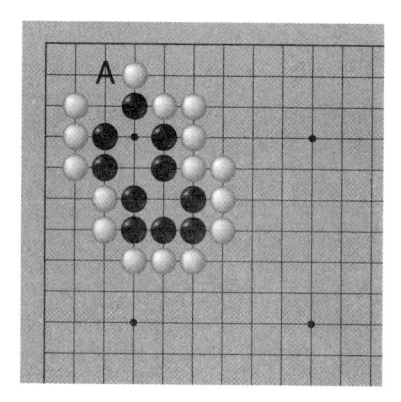

图3-47

3. 形态三

图3-48 黑棋是活棋还是死棋？

图3-49 如果被白1先下手，黑棋就只有死路一条。黑棋若以A欲吃白1一子，反会被白B吃掉而无法做眼，所以死棋。

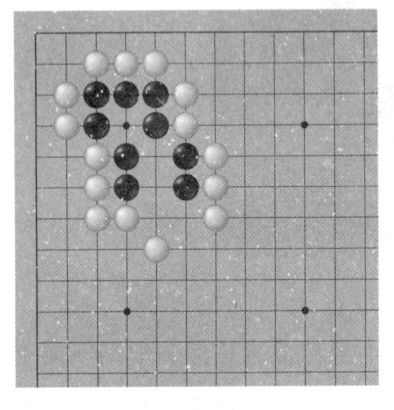

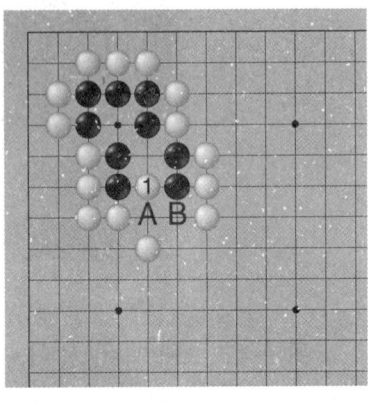

图3-48

图3-49

图3-50 如果按黑2、白3、黑4、白5的着法，最终的结果是黑仅剩一眼而死。

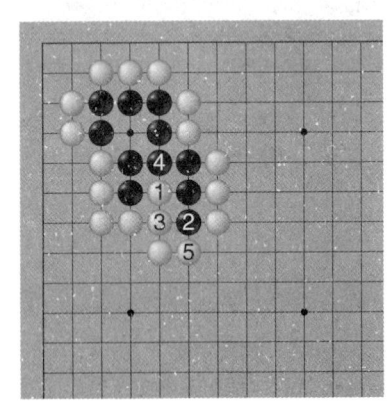

图3-50

图3-51 黑棋是死棋还是活棋？

图3-52 这种棋形的黑棋仍是死棋。

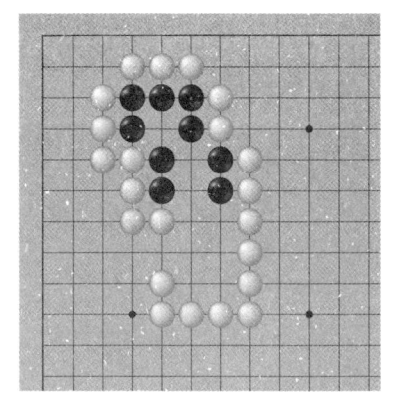

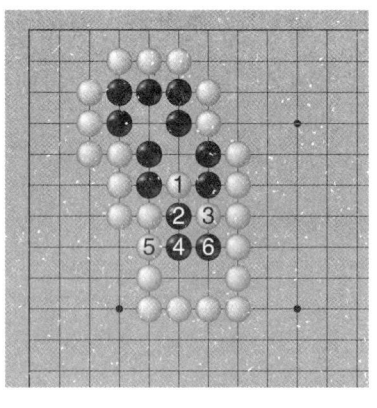

图3-51　　　　　图3-52

白棋还是可以用白1来破黑棋的眼位，如果此处被黑棋占领，则黑棋成立两眼，白棋无计可施。所以白1是非下不可的一手。

下一步黑2时，白3可以把黑棋弄成假眼。

图3-53 双方下到这里，白A便可以叫吃三颗黑子，此时，黑棋不得不以黑B提取一颗白子。然后白C仍然可以叫吃三颗黑子，最终的结果是黑棋只能够保有一眼，最后还是死定了。

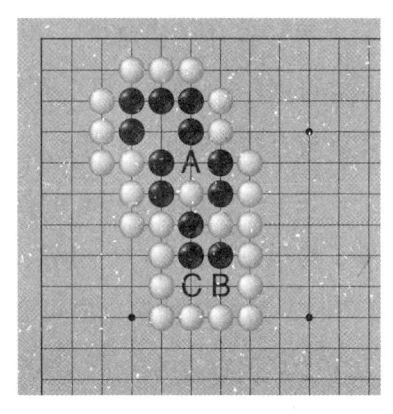

图3-53

4. 形态四

图3-54 黑棋是活棋还是死棋？

图3-55 黑棋是活棋还是死棋？可以比较一下双方棋形并找出两者不同之处，然后再研究其是活棋还是死棋。

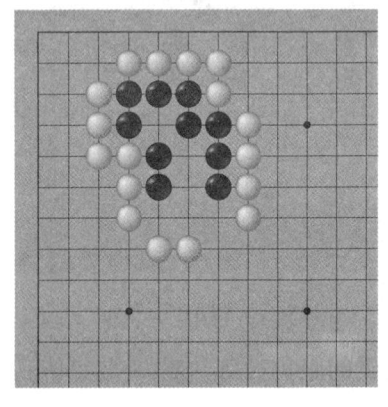

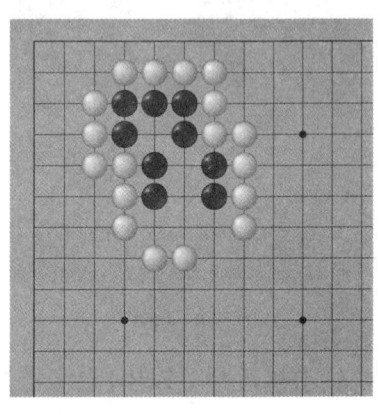

图3-54

图3-55

图3-56是图3-54的答案。即使白1来攻，黑2可做活。

图3-57 下一步白3时，黑4可以活。如果白3改下黑4处，黑棋亦可用白3处做活。黑棋绝不可以在A处下子提掉白子，如若不然就会被弄成假眼而死。

图3-58 是图3-55 的答案，黑棋是死棋。白1、黑2、白3时，黑若A处粘，白可B处下子吃掉右边两黑子。黑棋若在B处提取一白子，则白下A处，黑将成假眼而死。

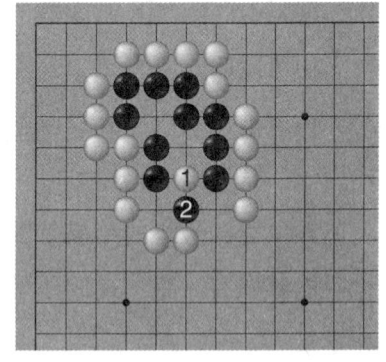

图3-56

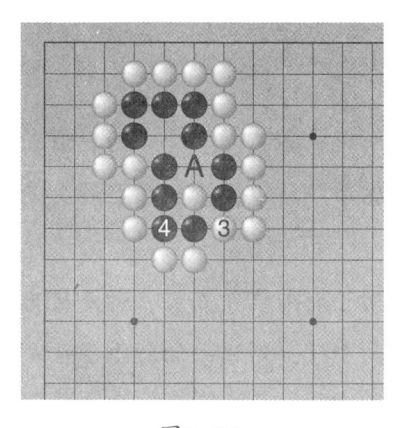

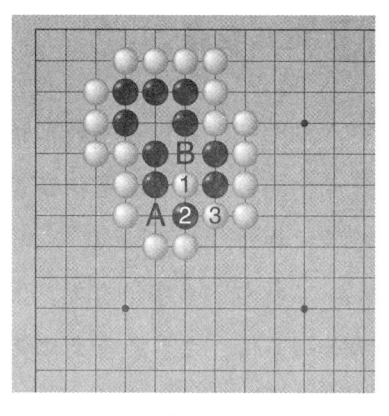

图3-57　　　　　　　　　图3-58

图3-59、图3-54和图3-55的不同之处是在A处有无黑子，而分别形成活棋和死棋。如果在A处没有黑子也没有白子时，那情形又将是怎样的呢？

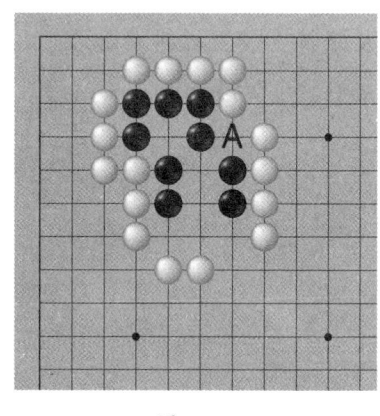

图3-59　　　　　　　　　图3-60

图3-60 答案是黑棋为活棋。经过白1、黑2、白3时，右边二目黑子不被叫吃，所以黑棋可以用黑4粘。等白5叫吃时，再以黑6提掉一子做活。

趣味链接

"勺子"是围棋里的术语,听起来很有趣。勺子的说法来源于"漏勺",意思是指漏着或错着,所以围棋里明显的失着往往被称作"打勺"。

"打勺"名字很有趣,但是对于打勺棋手而言,却是极为痛苦的事情,尤其是重大比赛中的勺子,对棋手的打击往往是决定性的。

围棋口诀

该断不断勿成棋,冲断扭断反打断,挖断跨断寻战机。
立断劫断打入断,围歼孤棋反眼挤,莫往攻击目标碰。
宽攻大围收渔利,逢碰必扳敢作战,有时连扳妙无比。
开劫先要看劫材,棋补无劫要注意,打两还一巧妙用。

围棋规则

鸡独立,空中长,三子两扳长一气。
鼠偷油,莺扑蝶,边角对杀有妙棋。
碰靠托,可腾挪,三路二路要手段。
台象镇,不怕刺,点刺生根相思断。

第四章 常见死活棋

棋力的高低与辨别死活棋的能力有一定的关系，为此要熟练地掌握一些死活棋的基本棋形，这样在见到这些棋形时，就能很快得出是死棋还是活棋的结论了。

死活棋有很多，可谓千变万化，常见死活棋有直二、直三、曲三、直四、曲四、丁四、方四、梅花五、刀五等，本章主要介绍这些常见的死活棋。

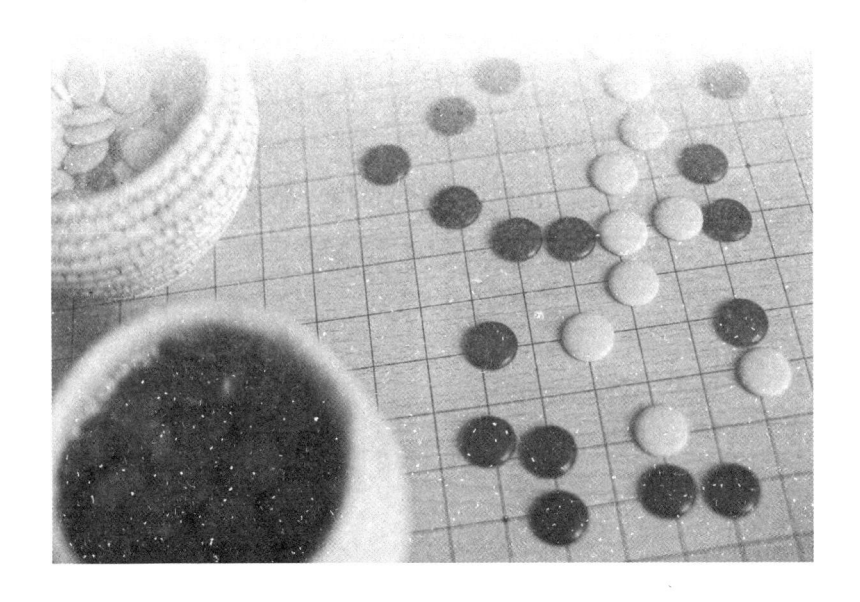

01 直二

直二是指一块棋被围,其眼位是直线形状的两个交叉点,为死形。图4-1 黑棋围成的两个交叉点就是直二,A、B两点并不是禁着点,所以将来白棋可在A或B位扑吃黑棋。因此说直二为死棋。下面我们可以具体了解一下。

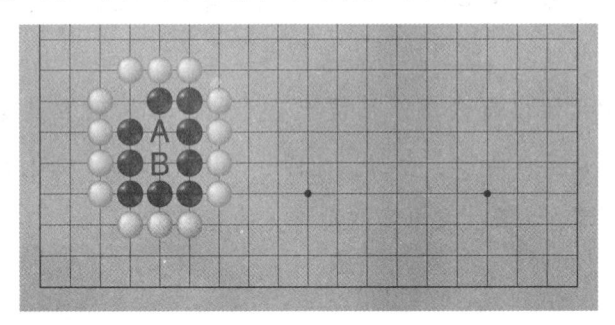

图4-1

例一

图4-2 白棋形成的棋形就是直二。

图4-3 黑1扑,无论白棋能否A位应,都无法做出两眼。

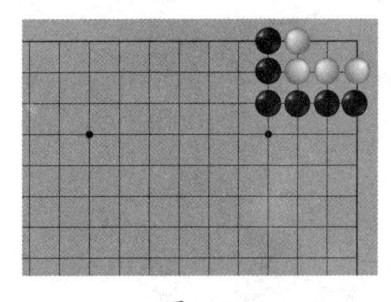

图4-2 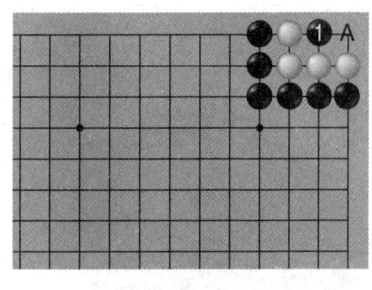　　　　　　图4-3

第四章 常见死活棋

例二

图4-4 黑1先，可否杀掉白棋呢？

图4-5 接上图黑1长后白2提，形成直二，白棋已死，黑棋可脱先。

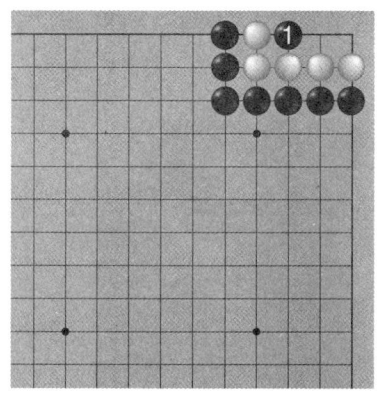

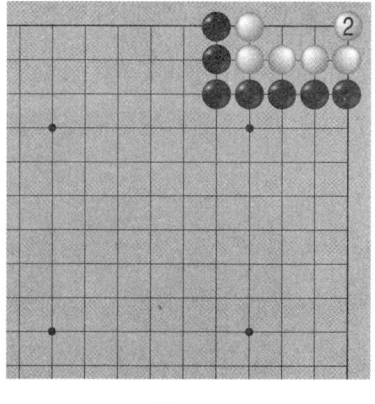

图4-4　　　　　　　　图4-5

在围棋里，各种棋形有很多，而常见的死活棋形就有12种，这之中还有个口诀：

两种死形，四种活形，六种半死不活形。

也就是说，直二是死形，并且无论如何，双方都没有必要往直二里面落子。若是非要在里面落子，也只会是徒劳无功，浪费自己一手棋而已。

02　直三

图4-6 白棋内围了一条直线三个点,黑先,白棋是死棋还是活棋呢?这问题很好解答,黑先在A位一点眼,白棋就死定了。这样的棋形叫"直三"。

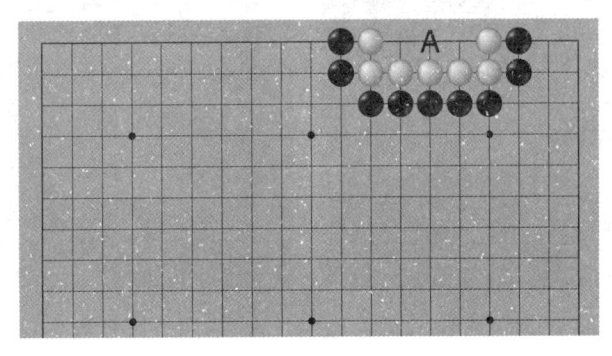

图4-6

例

图4-7 黑子先,白棋为死棋还是活棋呢?

图4-8 黑1形成直三,白2提子后,黑3走中心点,白死。

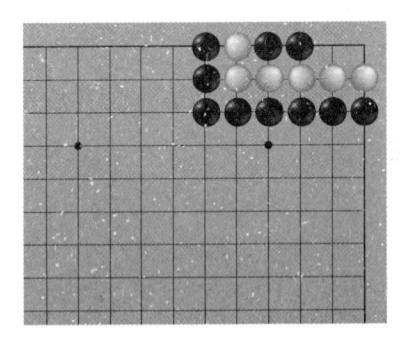

图4-7 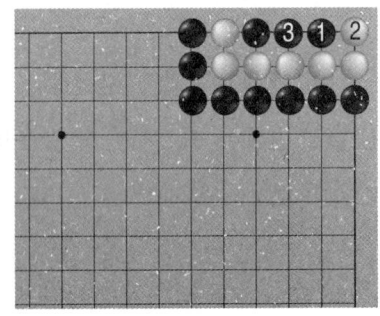　　　　　图4-8

图4-9 白棋围成的眼形就是直三，黑棋能杀死白棋吗？

图4-10 黑1点中间正确，因为直三只有一个中心点。

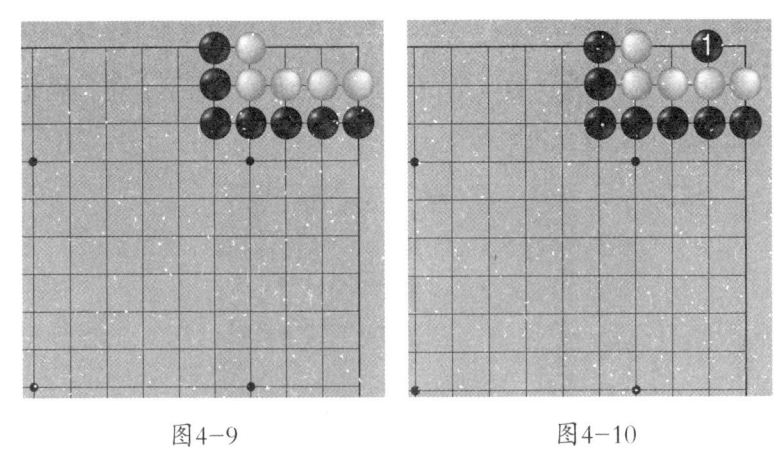

图4-9

图4-10

图4-11 白2只能脱先，至白4成为直二，已经无法做活。

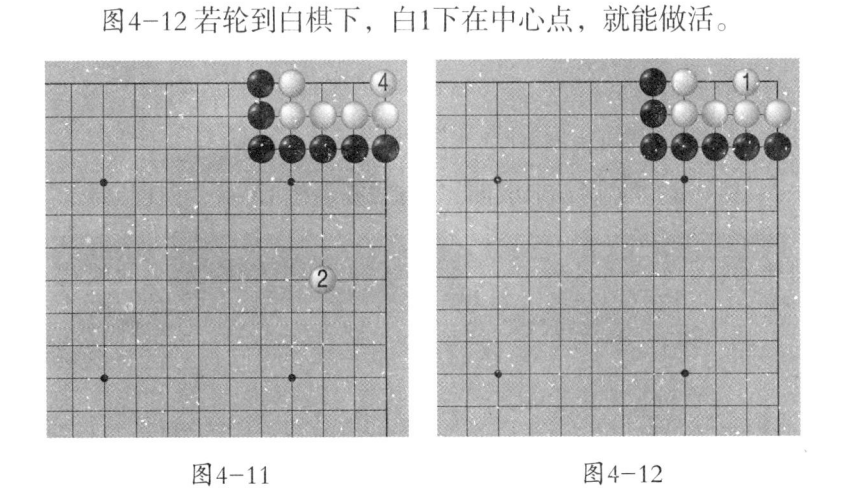

图4-12 若轮到白棋下，白1下在中心点，就能做活。

图4-11

图4-12

03 曲三

图4-13 黑先,被围的白棋是死是活呢?黑下A位,就把白棋点死了,这种棋形叫"曲三"。

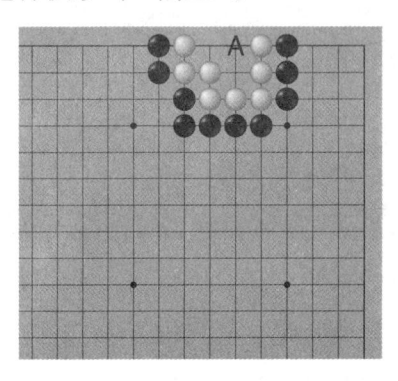

图4-13

例

图4-14 黑先,如何杀死白棋呢?

图4-15 黑1拐,形成曲三,白2提后黑3再点,白棋已死。

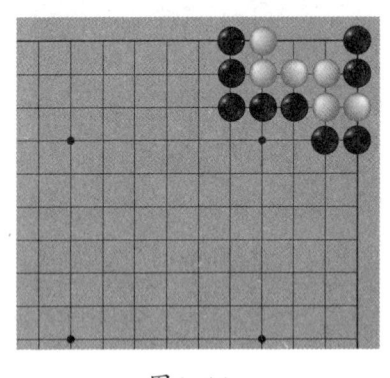

图4-14 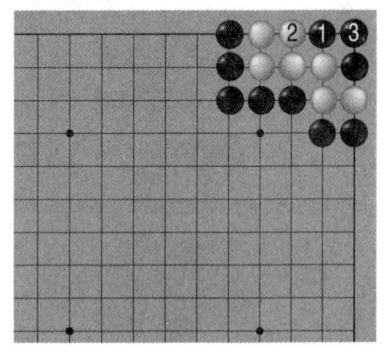　　　　　图4-15

04 直四

图4-16 白棋内围了一条的直线,黑先,白是死是活?在此图中,黑在A位点眼,白可下B位做成两个眼;黑在B位点眼,白下A位也能活棋。总之,白是活棋,这样的棋形叫"直四"。

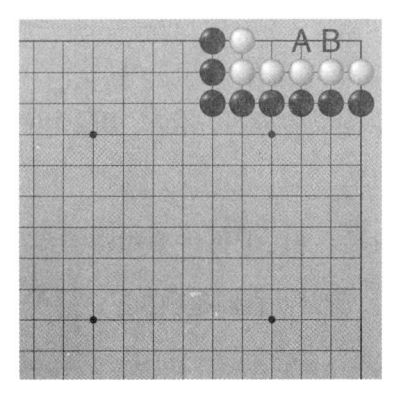

图4-16

例一

图4-17 黑棋可以杀死白棋吗?

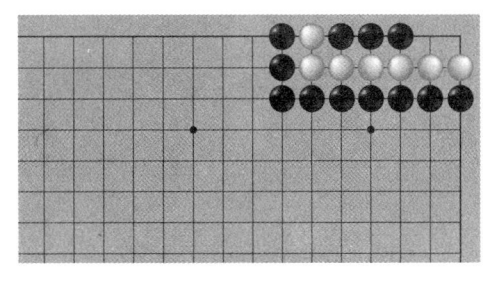

图4-17

图4-18 若是黑1长,白2提黑四子后便会形成直四,黑棋便无功而返。

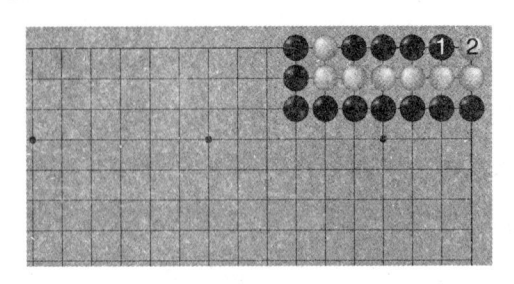

图4-18

例二

图4-19 白棋围成的直四,有A、B两个中心点,黑棋能够吃掉白棋吗?

图4-20 黑1后,白2走另一个中心点就可以做出两只真眼,反之也一样。所以,直四是白棋。

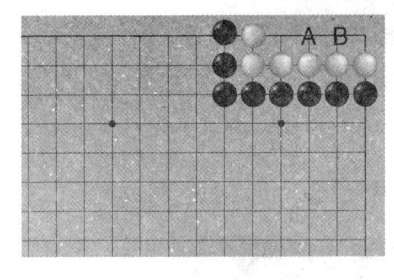

图4-19

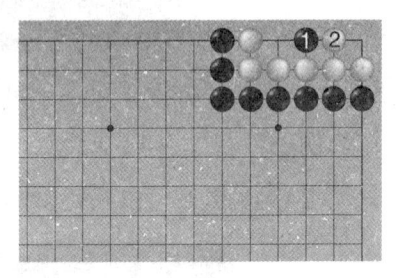

图4-20

05 曲四

图4-21 白棋内围了四个点,同样黑也无法杀白,这样的棋形叫"曲四"。

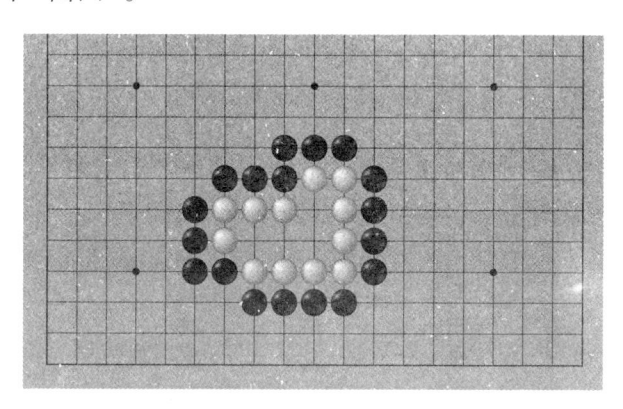

图4-21

例一

图4-22 棋形,黑棋先走,有什么方法可以吃掉白棋呢?

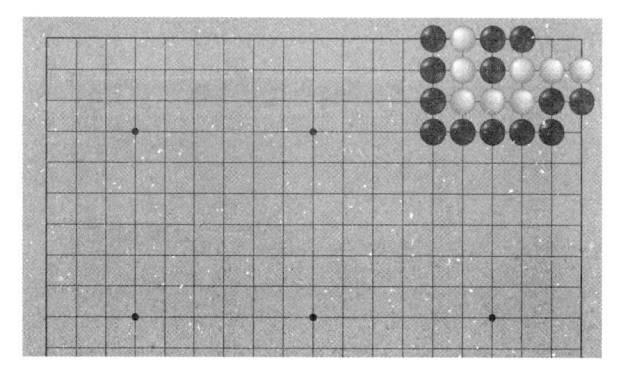

图4-22

图4-23 黑1后，白2提子形成曲四，所以白棋为活棋。

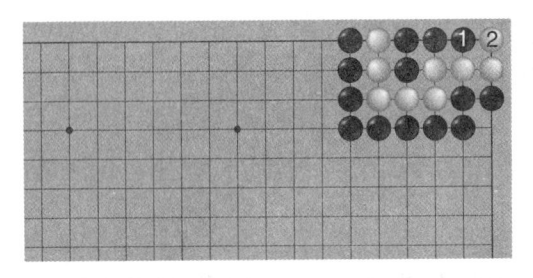

图4-23

例二

图4-24 白棋围成的眼形是曲四，也叫"闪电四"。

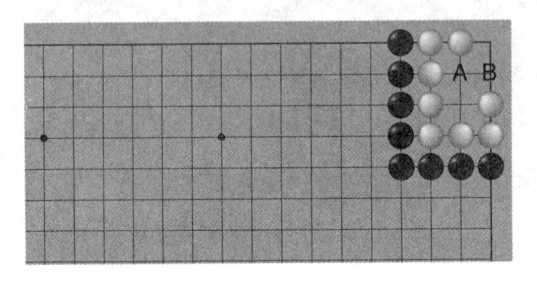

图4-24

图4-25 曲四因为有两个中心点，黑1后，白2做活，所以白棋同样是活棋。

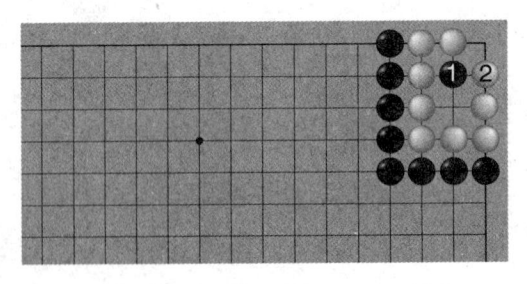

图4-25

06 丁四

图4-26 白棋内围了丁字形四个点,黑先在A位点眼,白棋只能做一个眼就被杀死了,这种形状叫"丁四"。

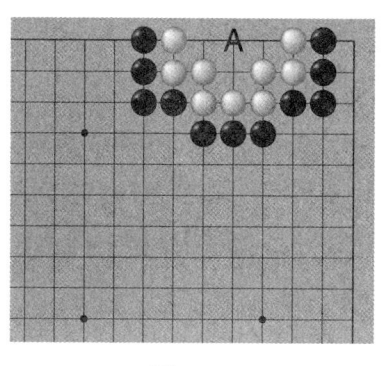

图4-26

例一

图4-27 盘中白棋眼形为丁四,黑棋能否杀死白棋呢?

图4-28 黑1若下子在中间为正确。

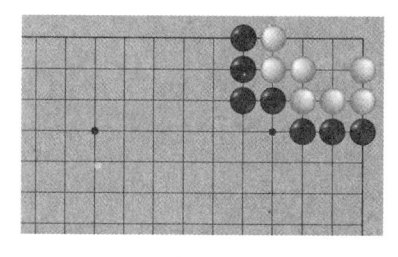

图4-27

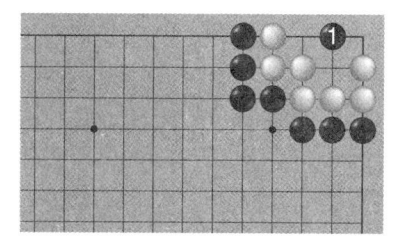

图4-28

图4-29 白2接应,则棋形变回曲三或直三。

图4-30 因此黑1点后,白2只能脱先,部分白棋为死棋。

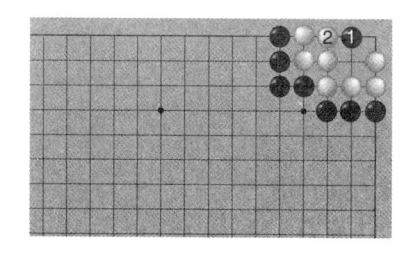

图4-29

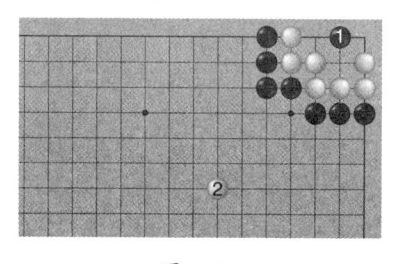

图4-30

例二

图4-31 黑先,黑棋与白棋哪一方为死棋呢?

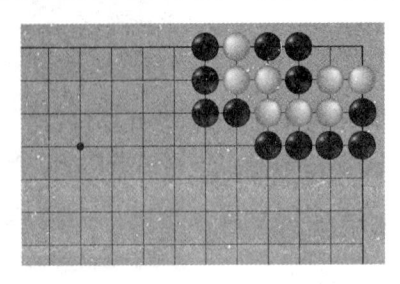

图4-31

图4-32 此时,若黑1送吃为好棋,白2提后黑3再点,则成功杀死白棋。

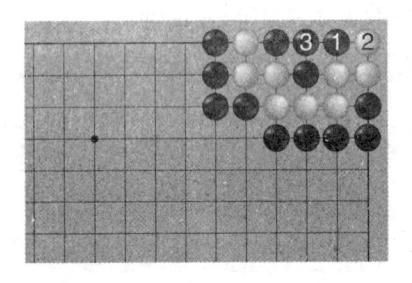

图4-32

需要我们注意的是,"丁四"棋的死活,取决于轮到哪方走棋。哪方正确着子,便会使其成为活棋,反之则亦然。

07 方四

图4-33 白棋内围了方形四个点,这时黑不用点眼白已经是死棋形了。这是因为白在四点中任何一点下子都会变成曲三,那时黑再点眼也来得及,这种棋形叫"方四"。

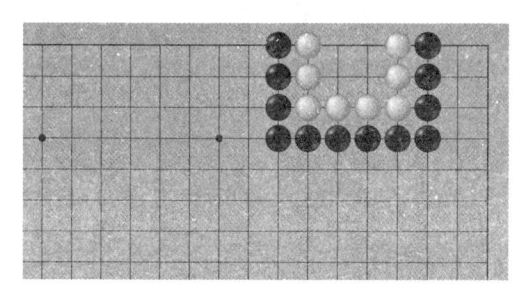

图4-33

例一

图4-34 白棋围成的眼形为方四,黑棋能否吃掉它呢?

图4-35 黑1无论点在A或B哪一处,白棋打吃后,黑棋只要长,都会形成曲三。

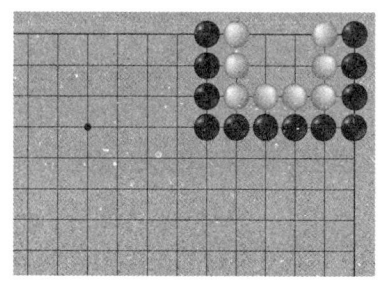

图4-34 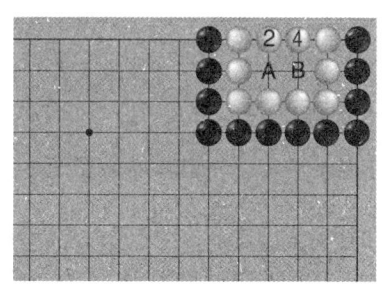　　　　　图4-35

图4-36 若是轮到白棋走,白1点后,黑2只要走对角处,白棋就只能做出一只眼。

图4-37 白1点此处也一样,黑2后,白棋仍只有一只眼,所以说方四为死棋。此时,无论哪方行棋,都做不出两只真眼。

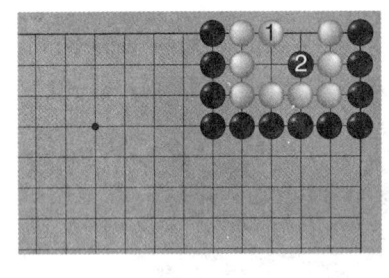

图4-36 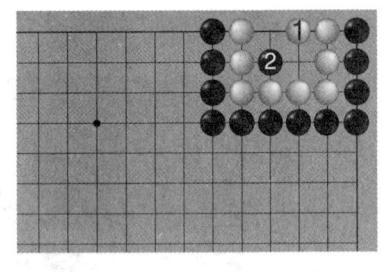　　　　　　图4-37

例二

图4-38 黑先,如何杀白?

图4-39 黑1后,白2提四黑子,变成方四,白棋无法做活,黑棋则可以脱先。

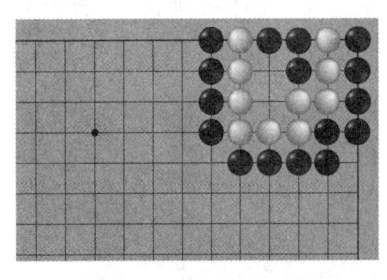

图4-38 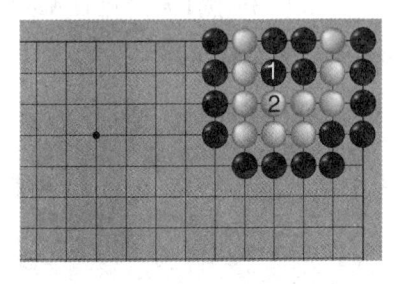　　　　　　图4-39

08 梅花五

图4-40 白棋内围了十字形五个点,白是死棋还是活棋?黑先在中央A位点眼就可把白杀死,这种棋形叫"梅花五",以后黑可在B、C、D位下三个子,当白提掉四个黑子之后是"丁四",黑再点眼,最后总可以把白棋全提掉。

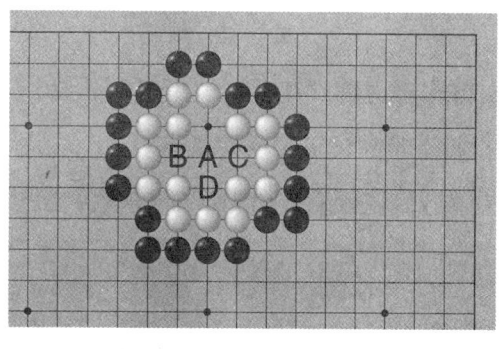

图4-40

例

图4-41 此棋形中,黑棋如何能够反杀白棋呢?

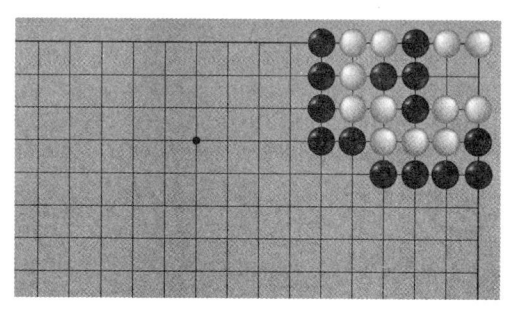

图4-41

图4-42 黑1送吃正确，白2提后此形成为梅花五，黑3则可以点杀。

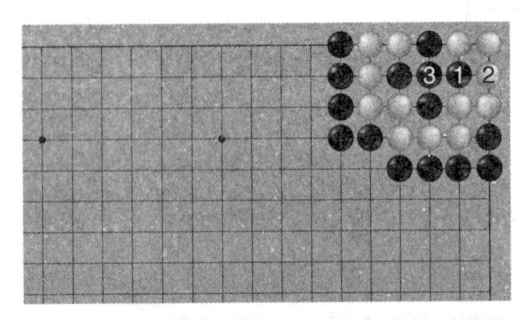

图4-42

图4-43 梅花五也称"花五""聚五"，是指一块棋被包围，其眼位呈梅花形状的五个空交叉点。

此时，黑先下A位成活，白先下A位杀黑。

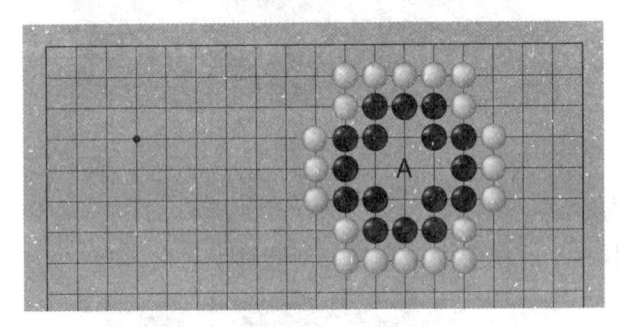

图4-43

09 刀五

图4-44 白棋内围了五个点，形状极像一把菜刀，因此形象地称它为"刀五"。黑先在A位点眼，白就被杀死了。以后黑可在白棋内做成丁四，再缩小成直三，直至把白棋吃掉。"刀五"也称"板刀五""刀板五""刀柄五""刀把五""绛节五"。

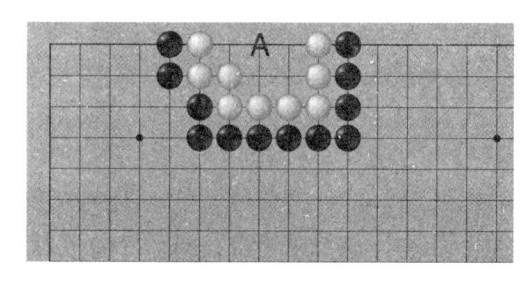

图4-44

例

图4-45 黑棋能否杀死白棋呢？

图4-46 黑1形成刀五，白2提黑3再点正确，白无法做活。

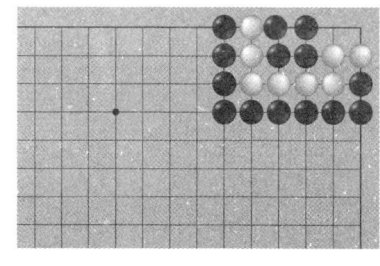

图4-45 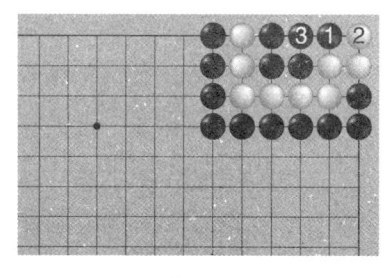　　　　图4-46

趣味链接

明朝有一个少年棋手,名叫岑干,他很小的时候,就酷爱下棋,一下就是一天。

长大以后,岑干进了京城,一班达官贵人都请他去下棋,一时名声大震。当时,号称"天下第一手"的颜伦住在京城,他已是龙钟老叟,就把岑干请去下棋,但是败在岑干手下。岑干因为此次对局,名声随之传扬天下。

围棋口诀

当心硬腿硬出奇,一只大眼要分清,是死是活规律记。
多子围空方胜扁,两翼张开形美丽,小目飞挂一间夹。
高夹低夹有分歧,低夹飞压多两分,高夹关或反向飞。
压退定式虽可走,抱吃一子稍不利,也可托角求安定。

围棋规则

没有眼,无公气,气短必负勿怀疑,
若是外气一样多,谁先紧气谁胜利。
各有一只眼,大小皆一样,
遇到此情况,大多双活棋。

第五章　死活棋着法

下死活棋问题难易程度，不取决于着法步数，步数再多，都是双方必然的单行道，但每一着都具有变化，综合多种技巧，也是难度较大的问题。

01 点眼

棋盘上所有的交点都称为目,而四周都被围住的目称为眼。现在以三目、四目、五目、六目等方面对点眼这一着法及应用前景做简单地介绍。

例一

图5-1 上方被黑棋围住的两块白棋都是活棋,而下方被白棋围住的两块黑棋都是死棋。

图5-2 表示有两眼的两种棋形类型,但是其中两个眼是否分别存在,则对棋子的死活起着至关重要的作用。图中左下方的黑棋有两个眼,所以是活棋,那么右上方的黑棋,是不是活棋呢?

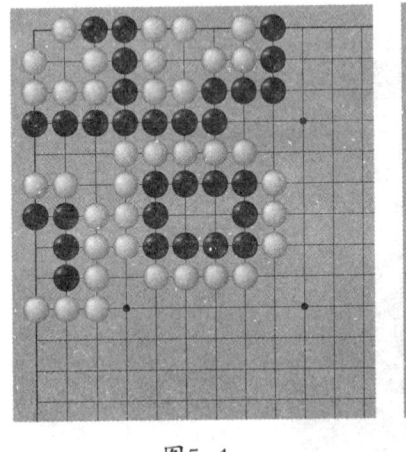

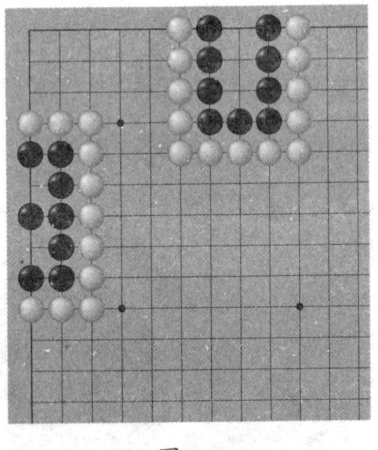

图5-1　　　　　　　　图5-2

图5-3 中的两块棋,如果轮到黑棋下子,则黑棋可在1处

下子，如此便造成两眼而成为活棋。可是，一般讨论这种棋形是活棋或死棋时，往往是轮到对方下子，所以这两块黑棋都会因轮到白棋下子而变成死棋。

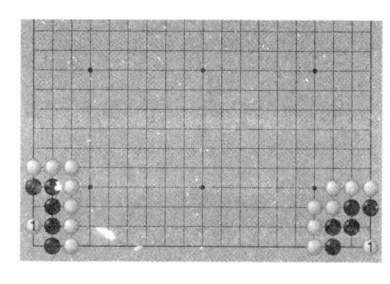

图5-3 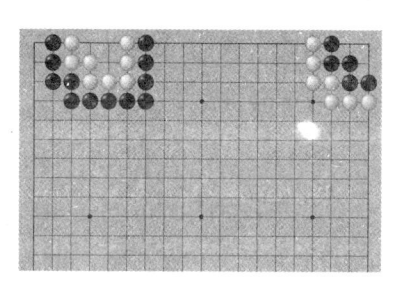　　　　　　　　　图5-4

图5-4 其他也有曲三的类似棋形。试演如下：

图5-5 如果黑棋在A处下子，整块黑棋就会被叫吃而被白棋提掉，这么一来黑棋便无从下手了。白棋可按图右下方的方法以白1来叫吃，但如果黑棋以黑2吃掉白棋两子的话，就会形成直二，成为死棋。

图5-6 形成直线的两目，然后如前述，白A、黑B变成一眼。如此看来，纵使黑棋是曲三或直三，如果被白棋在中间点眼，就会变成死棋。

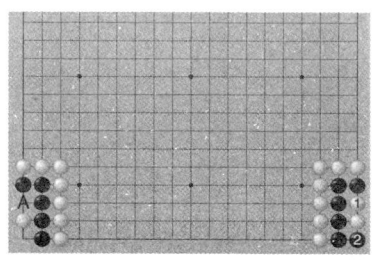

图5-5 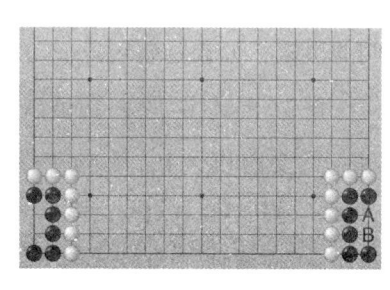　　　　　　　　　图5-6

像这样，白棋在黑棋的围地当中下子叫作"点眼"。原来有三目地的眼形，如果被敌方点眼，就会变成两目，最后再变成一目而仅剩一眼。

因此，我们可以说"曲三或直三的棋形必为死棋"（这当然是假定会被敌方点眼）。

图5-7 三颗白子在黑阵内。

黑棋虽然随时可把三颗白子提掉，但马上又会被白棋点眼，最后变成一眼而不能活，所以这块黑棋便算是死棋。这块黑棋和外侧白棋之间的空地是黑白双方所共有的单官。

棋盘上所有的交点都称为目，而四方全被围住的目就称为"眼"。

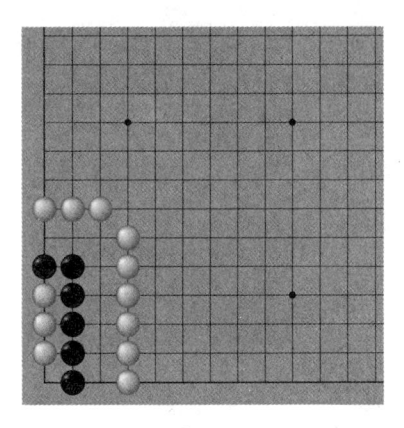

图5-7

例二

图5-8 这是在边角上有直四的黑棋，如果白棋要吃它。

图5-9 不论像右图或左图，只要白棋下1，黑棋就会以2应，使黑棋仍保有两眼，所以这块黑棋是不会被吃掉的，换句话说它是活棋。

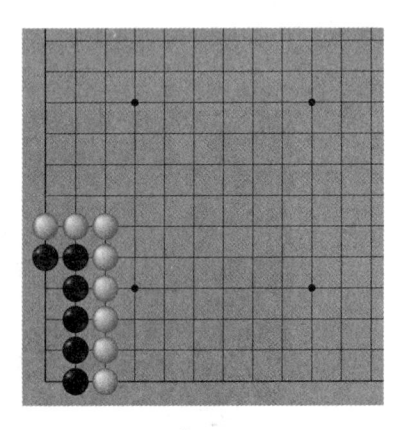

图5-8

图5-10 此棋形，表达出的这种道理无论是在棋盘中央，或是在边角上都可以成立。都是直四的形态，而且全部属于活棋。

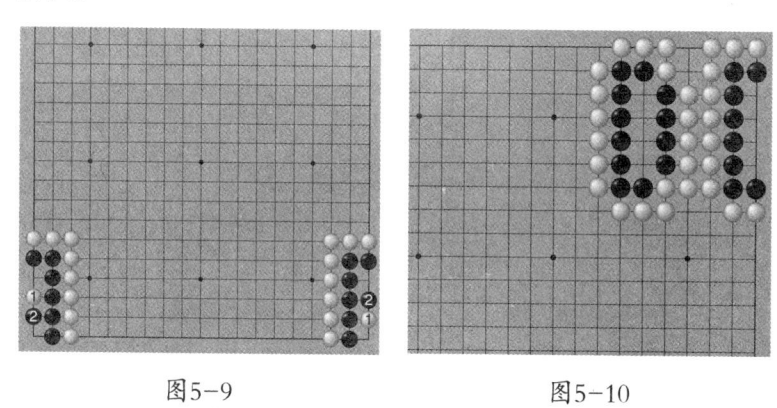

图5-9

图5-10

例三

图5-11 这是曲四的棋形，上图在棋盘中央，而下图则在棋盘边上。

图5-12 如果白棋以1攻黑棋，黑棋可以在2应，而且上下两图是同形，所以两者都属于活棋。

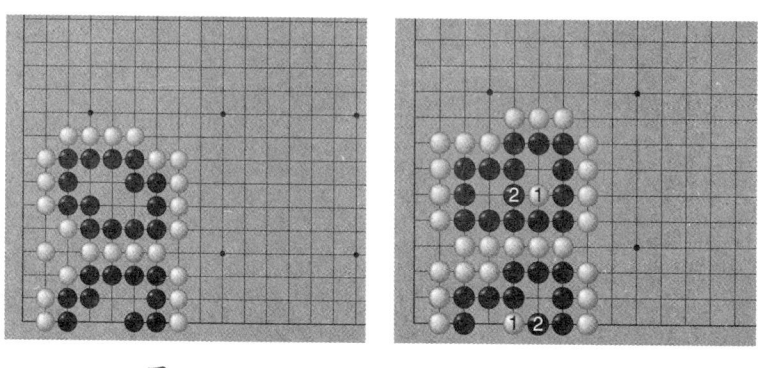

图5-11

图5-12

图5-13 这也是曲四的棋形,这种棋形是活棋还是死棋呢?

图5-14 这种棋形也和前图相同,无论白棋怎么个下法,都无法置黑棋于死地,因此,可得到一结论,曲四是活棋。

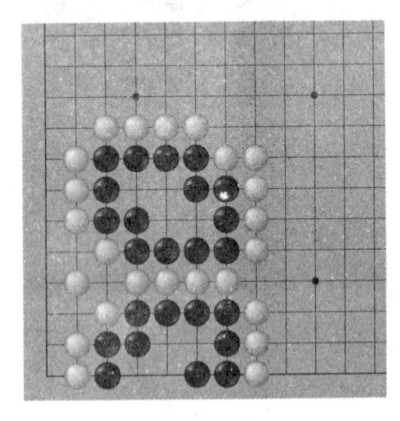

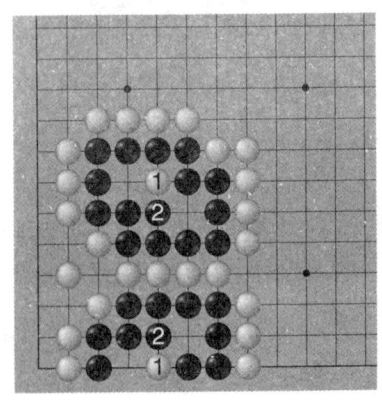

图5-13

图5-14

图5-15 如果四目地形成这种形状又如何呢?这种棋形称为"丁四"。

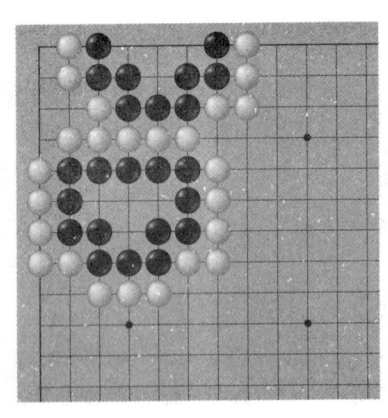

图5-15

图5-16 丁四若被白棋在中间1的要害处点眼,就无法做出两眼,所以同样是四目地的棋,这种棋形却是死棋。

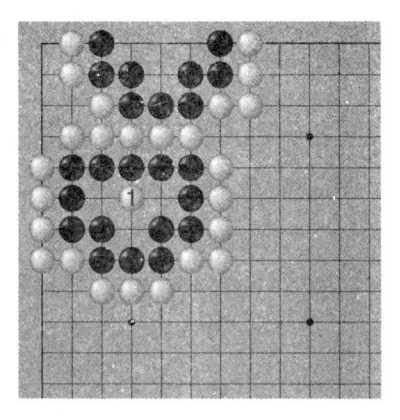

图5-16

具体原因试演如下:

图5-17 上边,如果黑棋下A处,就会变成前述的三目点眼成为死棋。除了A处外,黑棋若从其他两处进攻,也同样会形成三目点眼,所以还是死棋。

下边,如果白棋先下△和白1(此时黑棋无法还手,如果黑棋下子,就会被吃掉)接着白3叫吃,虽然黑棋可以下A处提掉三颗白棋,但白棋又可在△处点眼,所以还是死棋。

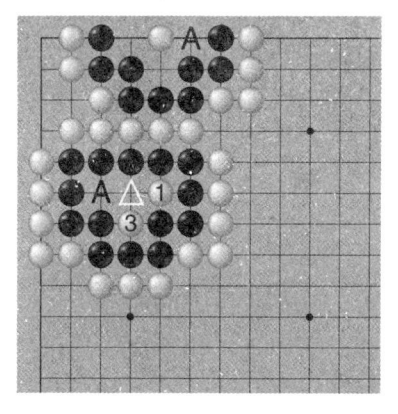

图5-17

例四

图5-18 下面是方形的四目地棋形，这种形状的棋，无论上下图都一样，很显然是死棋，白棋可不用理它，总之，黑棋是活不了了。

图5-19 如果黑棋想以1求活，就会被白棋以2点眼，所以还是活不成，这种形状的棋叫作"方四"。

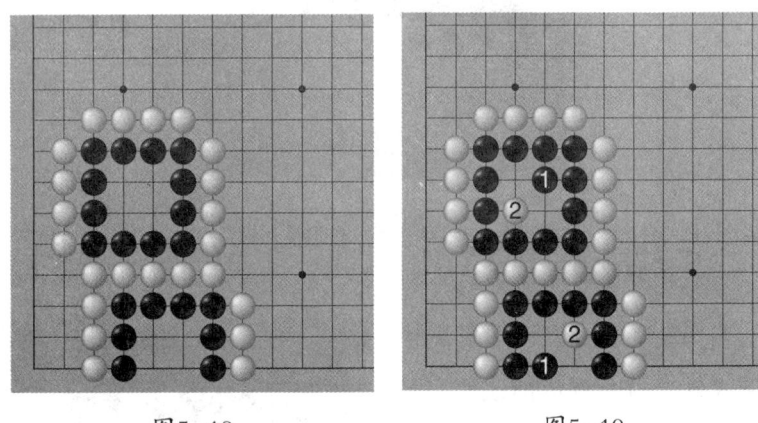

图5-18

图5-19

例五

下面再来看看五目地的棋情形又是怎样的？

围地多达五目，死形就愈来愈少。直五和曲五当然属于活棋，五目地的棋形属于死棋的仅有下面所示两形而已，也就是图5-20和图5-21这两种。这种形状的五目地称为"刀五"和"花五"，而刀五和花五都是死棋。

图5-20 这就是刀五的棋形，是"方四"边多一目的形状。白棋从何处下手才能吃掉黑棋呢？

图5-21 就是这样，白棋以白1来阻碍黑棋作眼，就可置黑棋于死地。

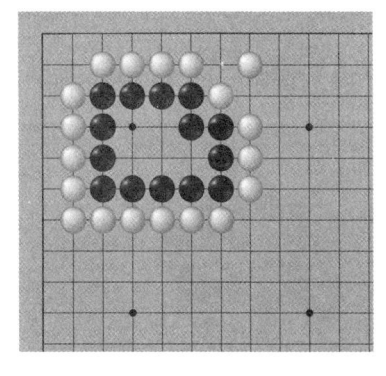

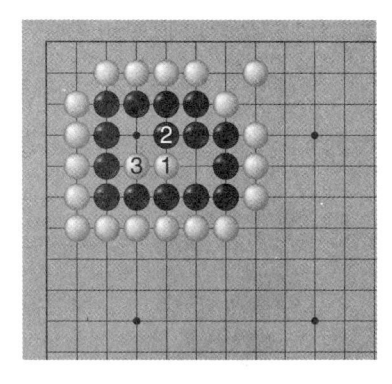

图5-20

图5-21

如果黑棋继续下在黑2位，白棋可以在白3位应。如果黑棋将黑2改下在3处，则白棋可以在2位应，黑棋还是无法做出两只眼。

如果白棋下在白1以外的地方，当然会被黑棋做活。

图5-22 这种棋形也相同，如果被白棋先下手，黑棋只成一眼。因为黑棋的空地形成刀形，所以被称为"刀五"，而通常称为"刀"的棋形都属于死棋。

例六

下面再来看看六目地的棋形，有六目之多的棋形多半属于活棋，死棋只有一形而已。

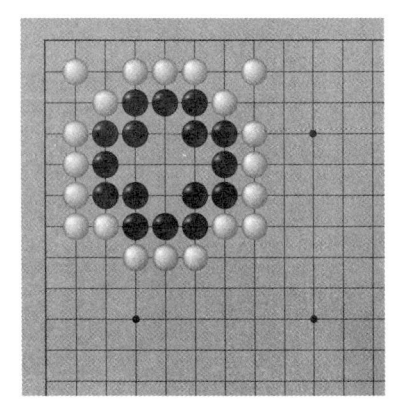

图5-22

图5-23 这一形即死棋,通常称为"葡萄六"。

图5-24 白1点眼之后,如果黑棋下黑2,则白棋可用白3破眼,最后必定可将黑棋杀死。

为何黑棋会被杀死,如果黑棋不应,那情形又将是怎样的呢?

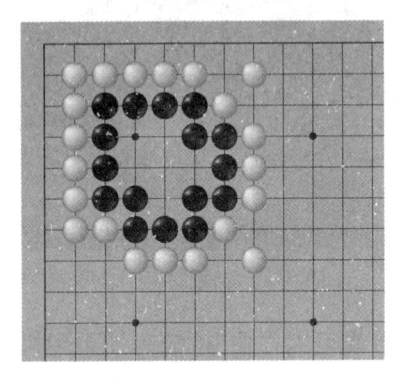

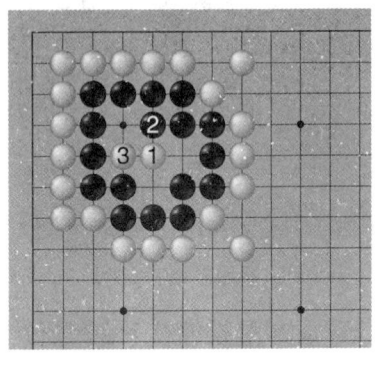

图5-23　　　　　　　图5-24

图5-25 如果黑棋不应,白棋可用白1、白3来叫吃,那么黑棋只好以A来提掉四颗白棋,然而提掉后的形状刚好是"丁四",所以还是会被白棋在△处点眼而死。

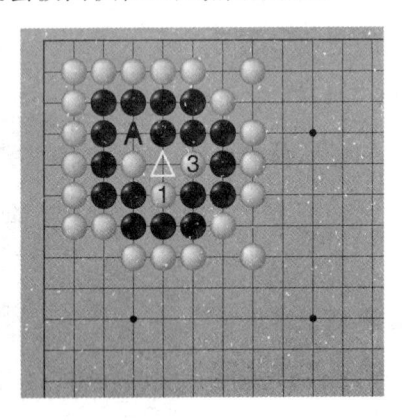

图5-25

第五章 死活棋着法

例七

那么，有七目地的棋形是死棋还是活棋呢？

图5-26 是最不理想的七目地棋形的例子。

图5-27 如果白棋以1点眼，黑棋可以黑2应，下一步如果是白A，则黑棋以黑B应便活了。如果白棋把白A改为白B，则黑棋以黑A应，照样可以活。

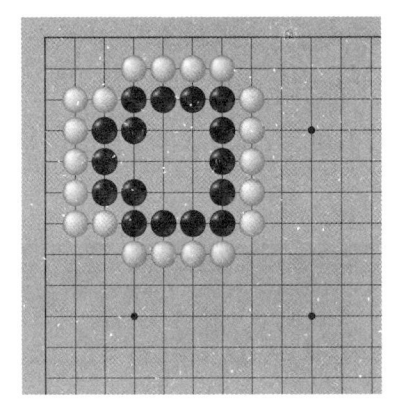

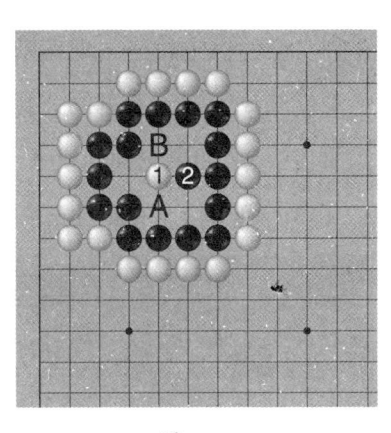

图5-26　　　　　　图5-27

有七目地以上的棋形，不管它呈何种形状，都不会是死棋。现在把被点眼而死的棋形重新整理一下。

三目：为死形。

四目：直四、曲四是活形；丁四、方四是死形。

五目：仅有刀五和花五是死形。

六目：仅葡萄六是死形，其他全是活形。

02 攻杀

围棋里互相围攻的场面称为"攻杀"。

例一

图5-28 观察此图,中间的三颗黑子和三颗白子,都不和外侧自己的棋子相连,现在来判断双方这三颗棋子的生死。

就结论而言,双方的三颗棋子都不是活棋。

图5-29 如果轮到白棋下子,白棋可在白1下子,接着,黑2、白3、黑4时,白5提掉三颗黑子。

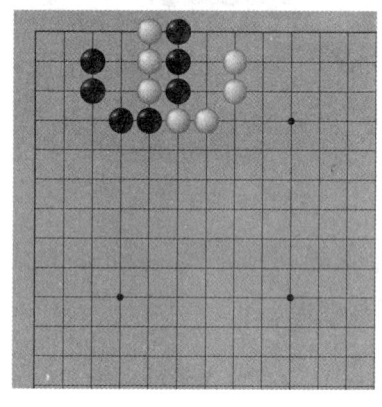

图5-28　　　　　　图5-29

图5-30 与此相反,如果轮到黑棋下子的话,黑棋也可如法炮制,提掉三颗白子。总之,双方的三颗子都不是活棋,所以早一步把对方棋子杀死的一方才能得胜。

同样的,黑棋也可以用三手棋来提掉三颗白子,因此,这场攻杀是三气对三气，此时，谁如果先下手，谁就可以获得这场对攻地胜利。

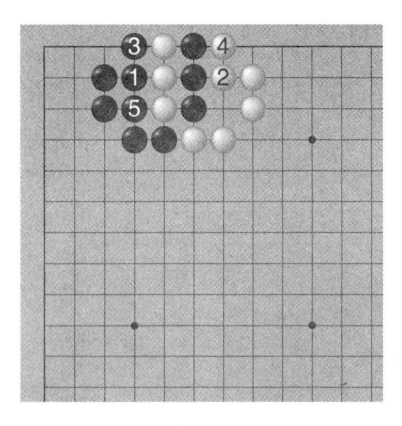

图5-30

例二

图5-31 那么，此图这个例子的结果又是怎样的呢？算一算双方所剩的气，可以明显地发现，黑棋有三气而白棋还有四气。

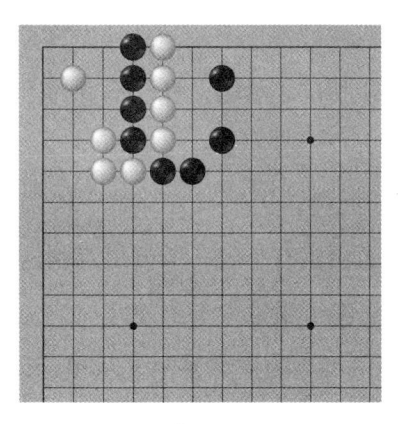

图5-31

图5-32 即使是黑棋先下手，以黑1围攻，当双方下到白6时，黑棋仍会被白棋吃掉。由于这个例子白棋多一气，因而白棋弃之不理也会获胜。

图5-33 如果白棋先下手以白1围攻，黑棋仅剩下两气，便能杀死黑棋，但实际上白可不必如此，白1围攻等于是一种浪费。

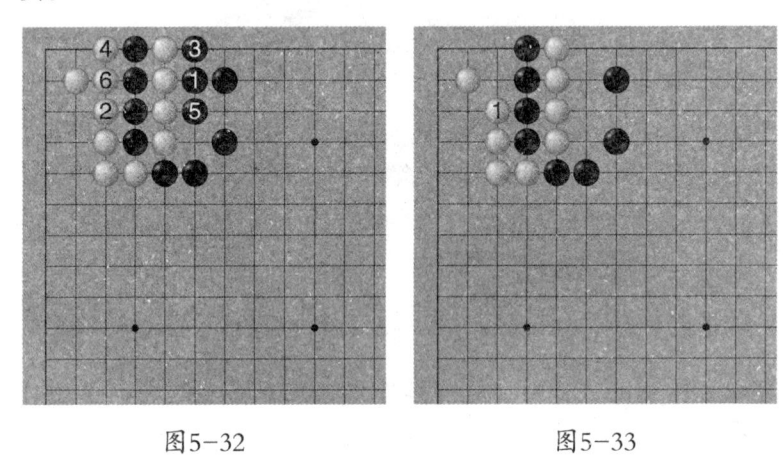

图5-32　　　　　　　　图5-33

总而言之，双方准备攻杀时，必须先算算彼此的气还剩多少，气多的一方获胜是必然的，且是不变的。

例三

图5-34 譬如此例，黑白双方都剩下很多气，但计算后发现，黑棋剩九气而白棋有十气，所以可判断这场攻杀，白棋胜券在握，就算黑棋先下手也占不到便宜。

图5-35 是图5-34 的详细说明。从黑1开始，双方一直下到黑17，白18将黑棋提掉。

但不要以为攻杀时"不早点下手，就会被敌方杀死"，事实上这种想法是错误的，因为围棋是互相轮番下子的，所以一定要先详细计算双方所剩气数，有把握时才可以下手攻杀。

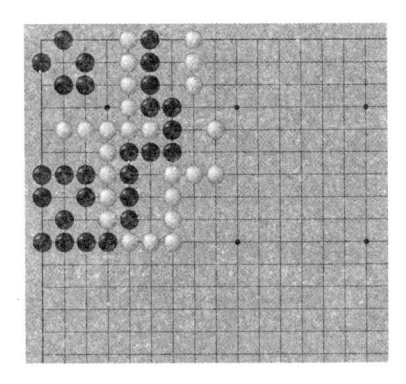

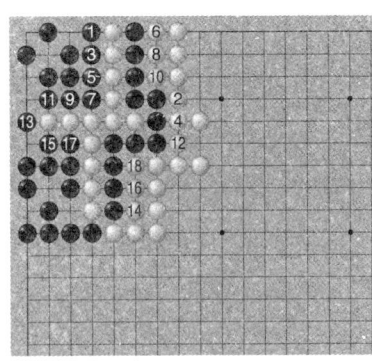

图5-34   图5-35

从理论上讲，攻杀时"一定是气多的一方获胜"，可是，事实上又不完全如此，因为还有几个例外。

例四

图5-36的棋形，黑白双方都只剩下两气，因此，应该是先下手的一方获胜，而实际却并不是这样。

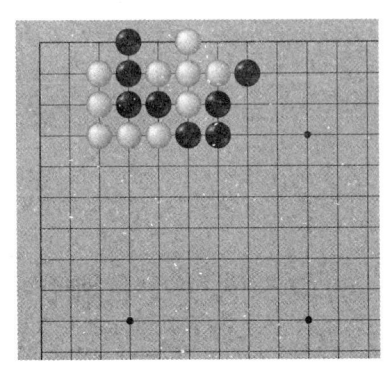

图5-36

图5-36是在棋盘边上,而图5-40是在角落,各有特殊的性质,因而无法直接下手,所以其中的一方会比表面上多出一气。这样的情况不仅出现在边上或角落,有时也会在棋盘中央发生。

图5-37 黑棋如果下A处,就会被白B提掉,所以黑棋不可从A处下手。但是如果黑棋从黑1围杀,又会被白2提掉,反而使得白棋的气数更多。

图5-38 这么一来,黑棋势必得从黑1下手围杀,但经过白2、黑3、白4后,仍然会被白4提掉,所以看起来双方同样是剩两气的这块棋,实际上白棋等于有三气,因此,白棋的获胜是必然的。

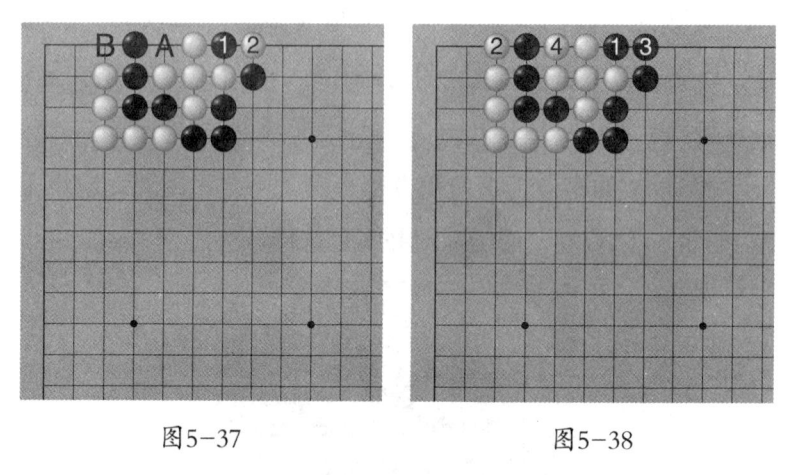

图5-37　　　　　　　图5-38

例五

图5-39 黑白双方都只剩三气,按理说黑棋先下手便可战胜白棋。

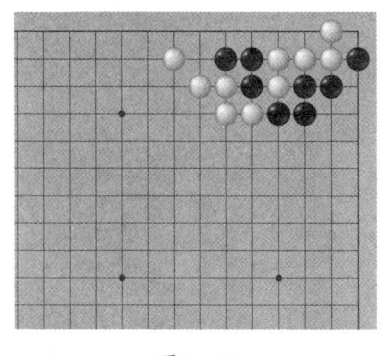

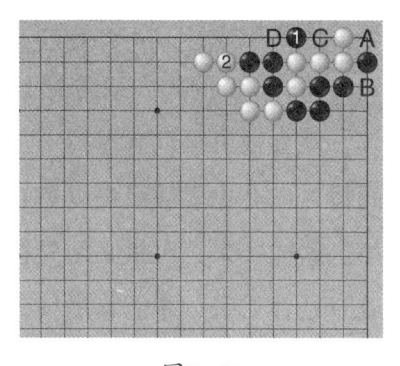

图5-39　　　　　　　　图5-40

图5-40 黑棋以黑1紧气，白棋当然会以白2紧气。下一步，如果黑棋从A处进攻，就会被白B提掉，同样的，以黑C紧气，也会被白D提掉两子。

图5-41 无奈之下，黑棋只有以黑3接，而白棋会以白4立下，此时若黑棋不先以黑5粘，就不能下黑7，所以慢了一步便会被白棋以白6叫吃而遭失败。

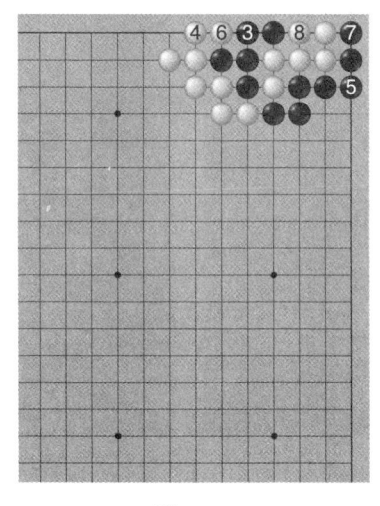

图5-41

例六

图5-42的黑白双方都只剩下两气,但白棋如以A紧黑气,就会被黑棋以B提掉一子。同样,白C也会被黑棋以黑D提掉。这样一来,白棋必须先在B或D处补一子,才能紧黑气,但如果这样,黑棋又可先以E紧白气,所以白棋败局已定。像这种棋形,黑棋实际上有三气,获胜是当然的。

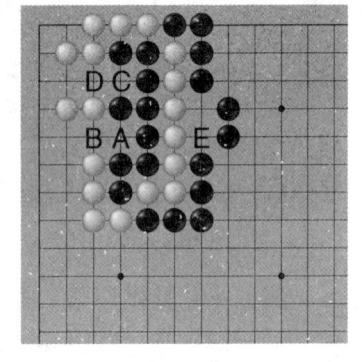

图5-42

例七

图5-43这块棋白棋有四气,而黑棋却只有三气,这样来判断,是白棋赢。

图5-44可是经过黑1、白2、黑3、白4、黑5后,却是黑棋获胜,问题出在哪里?

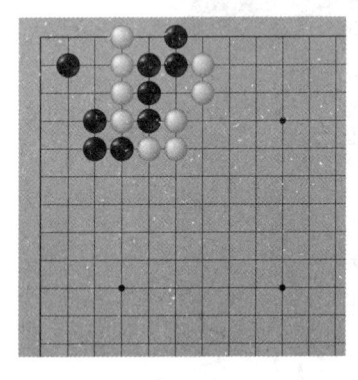

图5-43 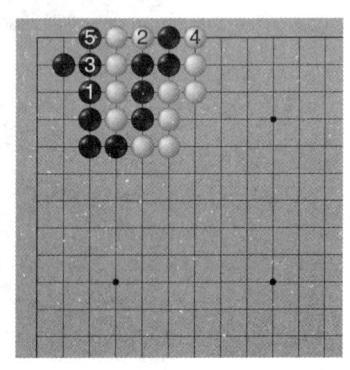   图5-44

第五章　死活棋着法

原来通常在攻杀时，双方皆有各自的"外气"和共有的"内气"。内气和外气都是围棋基本术语，一般使用于表述双方在某个局部进行对杀的特定场合。

"内气"是指双方棋子互相包围，各方棋子眼中的气。

"外气"是指双方棋子互相包围，各方棋子外面的气。

对照图5-45与图5-43，然后再看，A处都是外气，而B处就是属于双方共有的内气。

图5-46 黑棋下于黑1时，白棋先以白2把外气缩短，接着黑3、白4各自把外气填满，等到黑5时，白棋才将白6下在共有的内气处，便可以获胜。这个例子告诉我们"攻杀时一定要从紧外气开始"，如果不遵守这个原则，赢的棋往往会输掉。

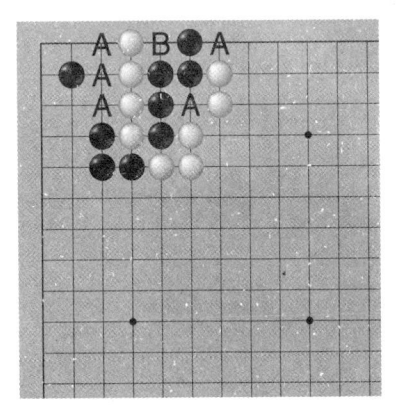

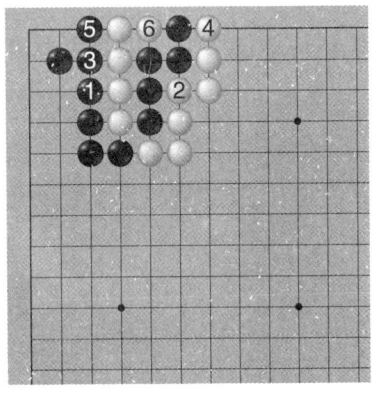

图5-45

图5-46

03 有眼杀无眼

例一

图5-47 这也是攻杀的例子，照前面的说法，应先算一下双方的气数还剩多少。

经计算可以发现，黑棋有四气，而白棋计算起来就比较困难，表面上它是剩下三气，但实际上是不是如此呢？

图5-48 因为黑棋不能直接下在3处，所以必须先下黑1，这么一来白棋也应该算是四气。

白棋有四气，黑棋也有四气，而现在由黑棋先攻，照理说黑棋应该赢才对，但是当双方下到白4时，棋形则如下图：

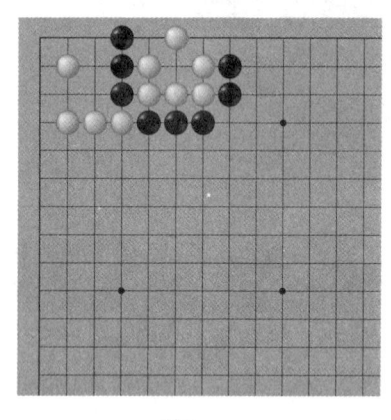

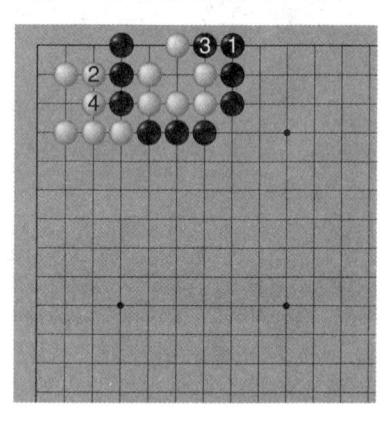

图5-47　　　　　　图5-48

图5-49 黑棋如下黑A，就会被白棋以白B提掉，原因何在呢？

图5-50 我们再重来一次,黑棋在被禁止的内气上先下黑1,看看会有什么结果?经过白2、黑3、白4……仍是黑棋输。

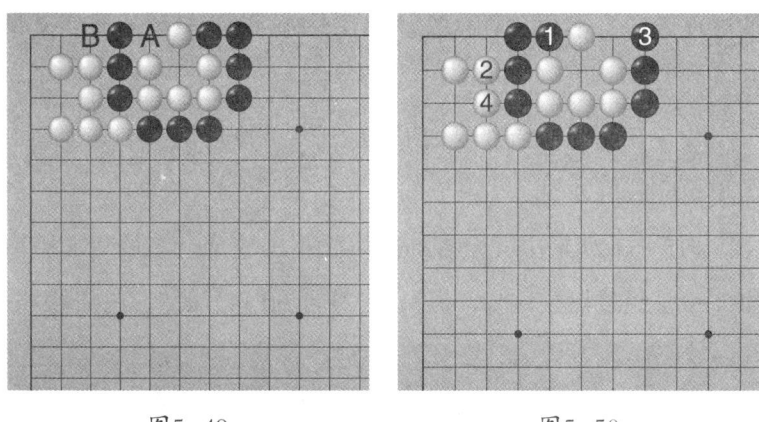

图5-49　　　　　　　图5-50

图5-51 假定图中的黑白双方要攻杀,因为黑棋有四气而白棋只有两气,就算白棋有三气,仍然会输。

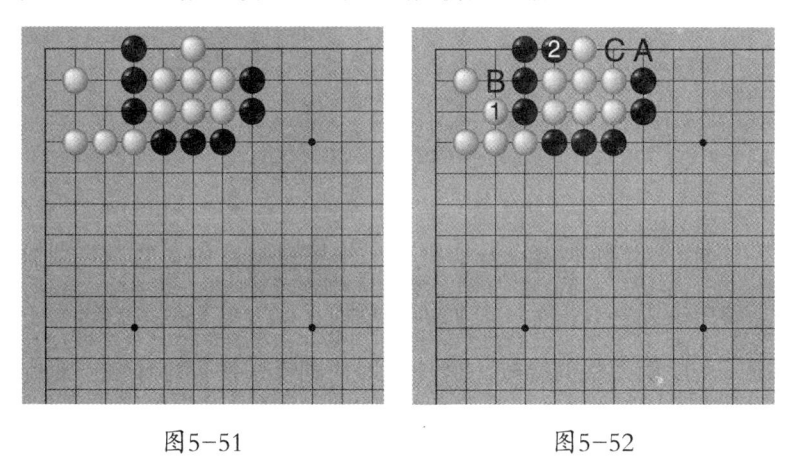

图5-51　　　　　　　图5-52

图5-52 原因是这样的:白1围攻时,黑棋可以不加考虑

地以黑2叫吃白棋，如果白棋继续以B紧气，黑棋便随时可以把白棋提掉，所以获胜的一方必是黑棋。

反言之，黑棋改由外气进攻，以白1、黑A、白B、黑C的顺序攻杀，黑棋一样会赢。但图5-48中黑棋败的原因又是什么呢？

图5-53 黑棋有六气而白棋有五气，按理说不必去理会，黑棋也应获胜才对。

图5-54 如果由气较多的黑棋先下，应该会多两气而胜白棋，可是经过黑1、白2、黑3，再进行到白4、黑5、白6时……

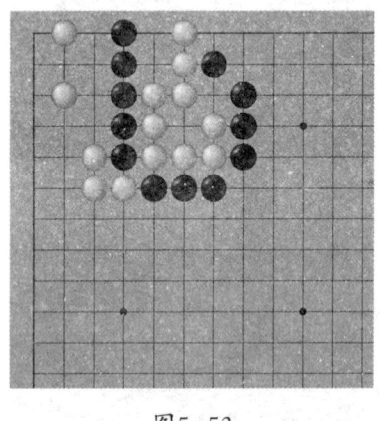

图5-53 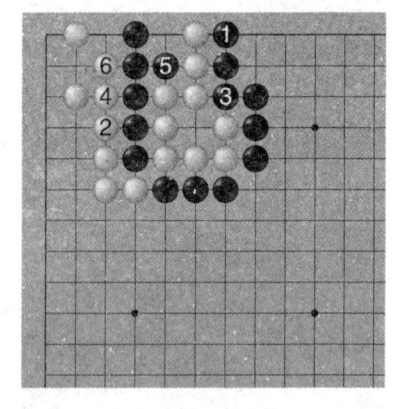　　　　　　图5-54

图5-55 演变成这种情形。如果黑棋继续以A紧白气，就会被白棋以白B提掉，其原因究竟何在呢？这是因为白棋有一眼，而黑棋无眼的缘故。这种情形在围棋中便被称作是"有眼杀无眼"。

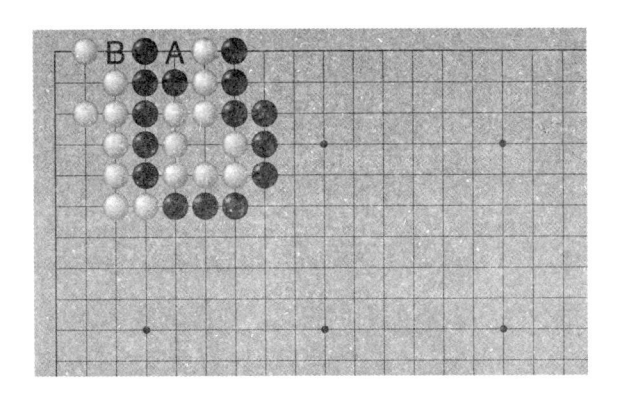

图5-55

例二

图5-56 黑棋有五气，而白棋仅有四气，因此黑棋不应，也可以胜白棋。

图5-57 白棋先以白1紧气，可是等到双方下到黑8时，仍然是黑棋赢。这个例子同样也是有眼杀无眼的棋形，黑白双方剩下的气是五气对四气，而且是由四气的白棋先攻，仍然无法获胜。

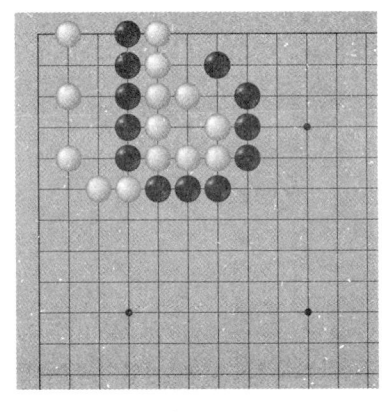

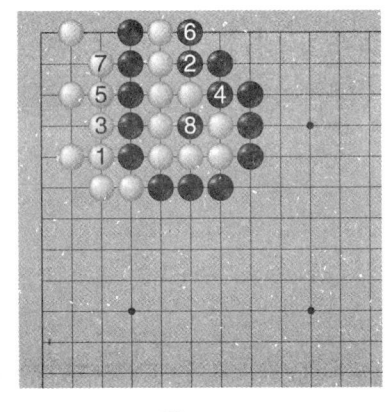

图5-56　　　　　　图5-57

图5-53的例子显示，白棋有五气，黑棋有六气，且黑棋先攻，结果却败给白棋，是什么原因使这两例结果不同？

原来图5-57没有共同的内气，而图5-53则有两处共同的内气，这就是造成结果差别的原因。总而言之，即使是一方有眼一方无眼，但如果内气全部紧气的话，就无法发挥有眼的威力；相反的，双方共有的内气越多，有眼的威力就越大。

例三

图5-58 此例白棋有八气，黑棋有十四气。

图5-59 如果黑棋先以黑1紧气，与白攻杀下到白12时，棋形变化如下：

图5-60 下一步，如果黑棋以A紧白气，就会被白棋以B提掉，结果以一气之差败给白棋，其最大的原因是双方共有的内气有七气。

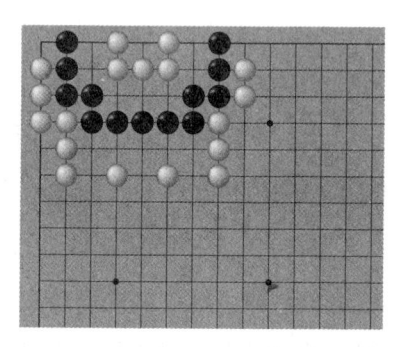

图5-58

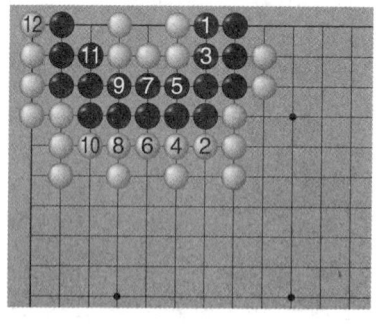

图5-59

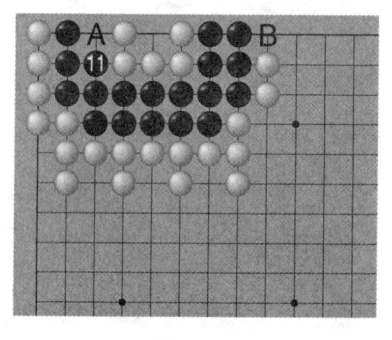

图5-60

04 双活

例一

图5-61 双方下成这种攻杀的场面时，不论轮到谁下子都没有什么影响了。现在假定轮到黑棋下子。

图5-62 如果黑棋以黑1从内侧紧气，就会被白棋以白2叫吃。

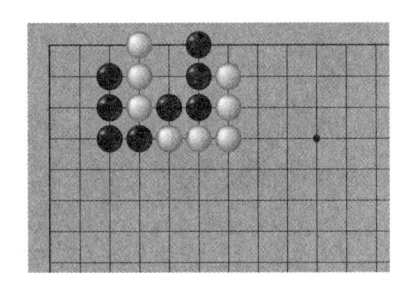

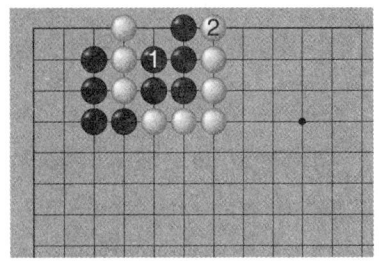

图5-61　　　　　图5-62

图5-63 那么，假如让白棋先下，白棋若由内侧以白1紧气，同样会被黑棋以黑2叫吃，照这样看双方都不能先紧内气。

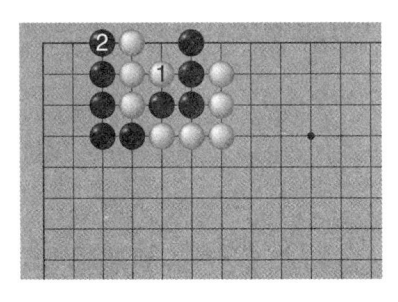

图5-63

图5-64 如要到黑棋下子,要由外侧以黑1来紧气,接着白棋也会以白2从外侧紧气。

图5-65 就算白棋先下,也要由白1来紧气,而黑棋当然以黑2应,结果和前图相同。

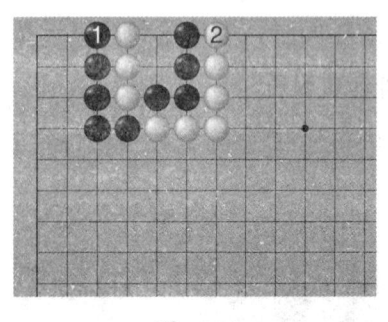

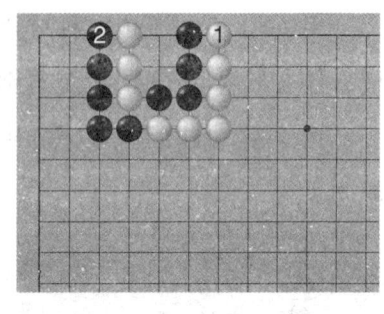

图5-64

图5-65

图5-66 换句话说,双方若下到这种情况,以后任何一方只要先下A处,就会被对方以B提掉;当然若先下B处,也会被对方以A提掉。这样后出手人反而占到便宜,所以黑白双方都不愿继续进行,这种状态便称为"双活"。

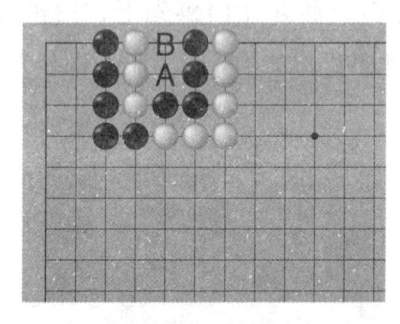

图5-66

在实际比赛中出现此情况时,该如何处置呢?答案是双方都维持现状,直到结束。

这种情形虽然违背"拥有两眼的棋子是活棋"的原则,可是因为双方都不能杀死对方,所以仍算是"活棋"。不过,造成双活的条件,必须双方共有的内气有两处以上才可。如果全无共有的内气,双活局面是不会出现的。

例二

图5-67 这个例子也是双活,其内气包括A处在内还剩三处。此时双方都可在A处下子,但如果进一步紧气的话,就会被对方提掉,虽然目前黑白双方随时可在A处(A处以外的另两处也一样)下子,但这一子与双方的得失没有什么影响,可以说是浪费的一子,在实际比赛时,通常双方都不会在A处下子,而是维持现状直到终局。

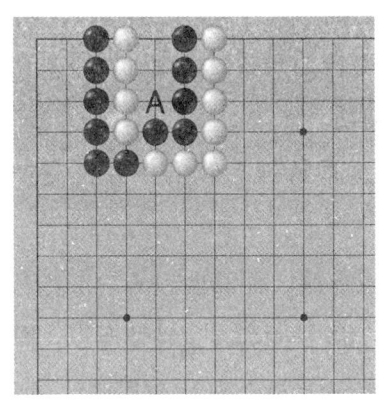

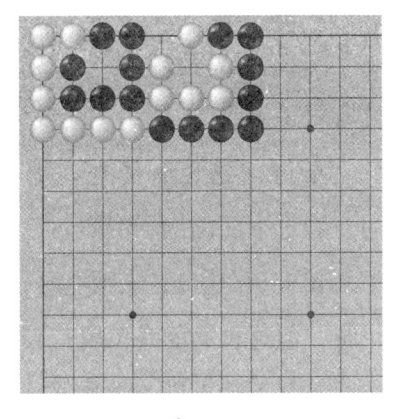

图5-67　　　　　　　图5-68

图5-68 双方为各有一眼的双活,共有的内气仅有一气,因为这一气双方都无法加以紧气,所以致使双活的局面出现。

图5-69 这也同样是双方各有一眼的双活,这样看来,需要有两手以上内气的双活形状,双方都不会有眼;如果双方各有一眼,只有一处内气就可造成双活。

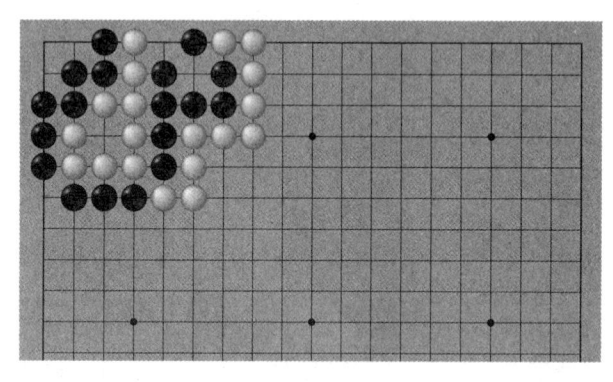

图5-69

例三

那么,一方有眼而一方无眼时双活是否能出现呢?答案是"有眼杀无眼",所以不会成为双活。

不过,这也有例外,那么这种特殊形状的例外究竟如何?看看下面的例子便知。

图5-70 中间的三颗黑子并没有眼,而其两边的白棋各有一眼,但这种局面并不属有眼杀无眼,因为在这种情况下,黑白双方都不能再进一步紧气(如果紧气就会被对方提掉),所以算是双活。

图5-71 虽说有眼的一方威力较大,但如果黑棋的气数很多,黑棋就会获胜。例如本图,假如由白棋先紧气,获胜一方仍然是黑棋。

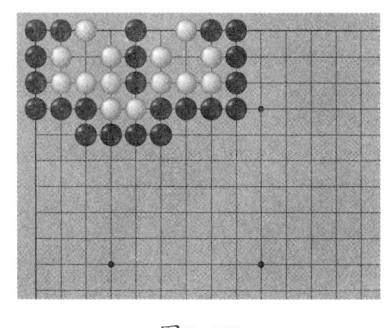

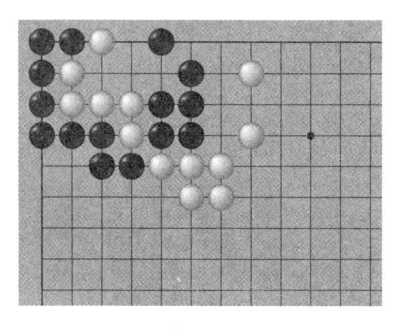

图5-70

图5-71

例四

图5-72 这是双活的棋形。

图5-73 但是，如果外侧的棋子被封塞，就如本图外侧的黑棋。

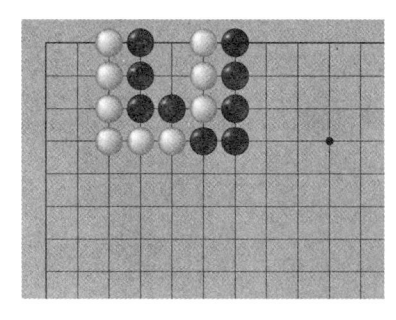

图5-72

图5-73

图5-74 结果就是，五颗黑子被白棋给提掉，使得左边原来双活的四颗黑子，也跟着死掉。

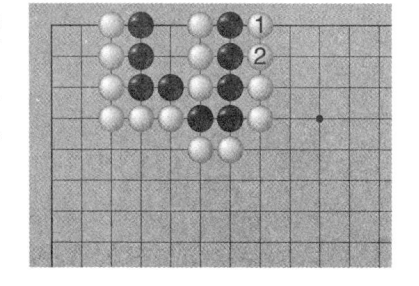

图5-74

图5-75 白棋也会发生同样的情形。

图5-76 像这样，白棋被提掉的话，右边原来双活的三颗白子也会跟着被杀。

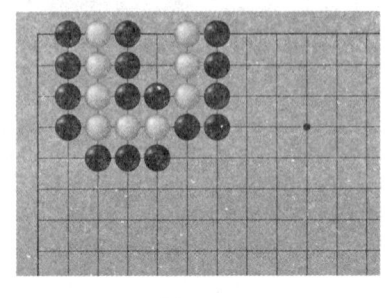

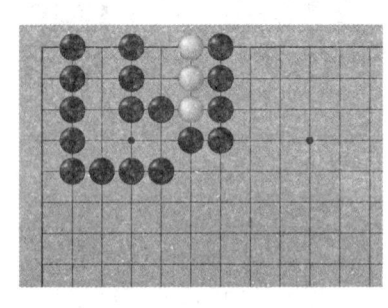

图5-75　　　　　　　　图5-76

可以把这种情况称为"双活崩溃"。因此，如果要使双活维持至终局，外侧的棋子便必须保持为活棋。

图5-77 双方外侧的棋子很明显的都是活棋，如此，在中央维持双活的棋子，才算是真正的活棋。

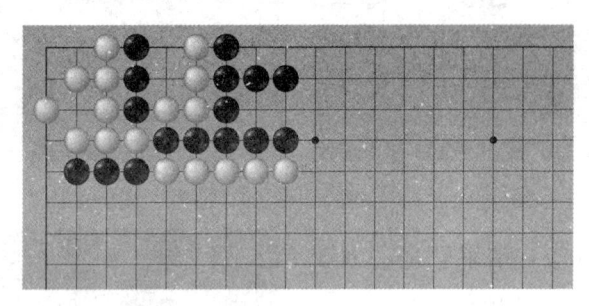

图5-77

例五

下面要说明一下有关双活的要点。

图5-78 这种棋形究竟是什么呢？

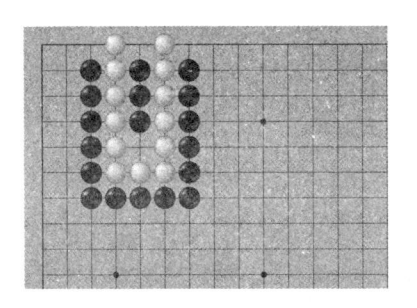

图5-78

图5-79 白1有意提取三黑子。

图5-80 但是,如果白棋外侧全被紧气之后,所有白棋便会被叫吃。如果白棋不理,黑棋即可在A处下子,提掉全部白棋,因此,白棋不得不把三颗黑子提掉。

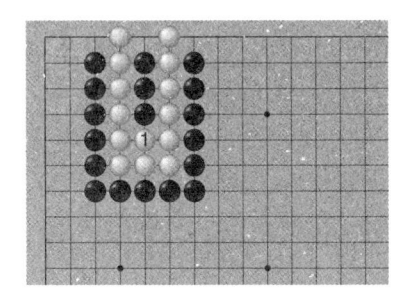

图5-79   图5-80

图5-81 黑棋被提掉之后,黑棋可以在黑2点眼而杀死白棋。在前图的情况下,白棋虽可提掉三颗黑子,但如果太急于去提它的话,也可能会变成死棋。

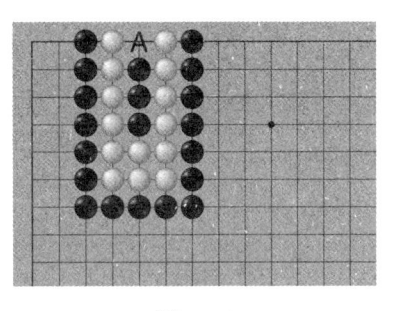

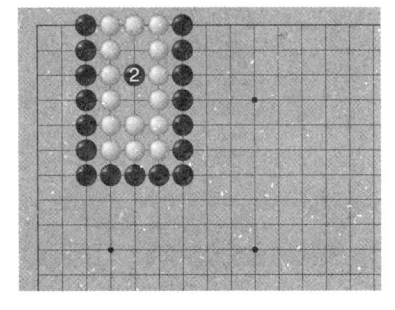

图5-81

图5-82 那么,假如轮到黑棋先下,就算黑棋堵塞住全部活气,最后以黑1叫吃白棋,那白棋当然要以白2提掉四黑子。

图5-83 结果变成这种情形,这是属于直四棋形,是活棋。

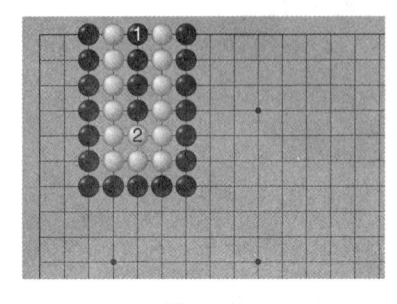

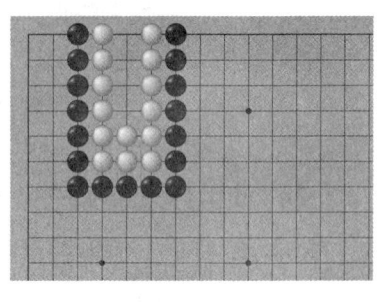

图5-82

图5-83

像这样,黑棋积极地去紧白气,将会促进白棋做活,所以双方都不能先出手,而必须保持图5-78双活的情况直至终局。就结论来说,双活有"紧气双活"和"关系死活的双活"这两种形式。

例六

图5-84 这是双活的棋形。

图5-85 这也与前图完全相同。

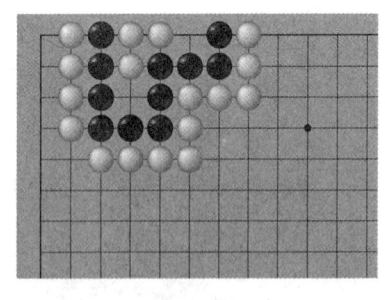

图5-84

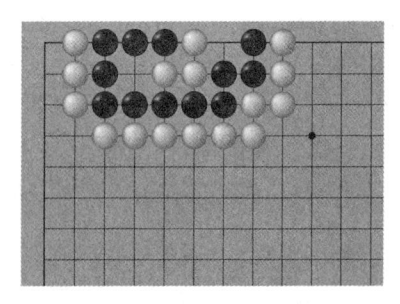

图5-85

有些形状与此很相似但结果却完全不同的棋形,如果不能准确地加以判别,便很容易上当。

例七

图5-86 这种图形是否为双活?

图5-87 如果白棋下在白1位,那么,黑棋自然可以用黑2提掉它。

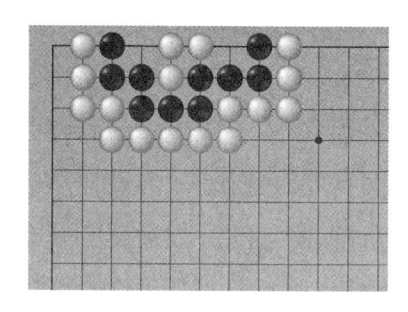

图5-86

图5-87

图5-88 结果变成"曲四"的活棋。

图5-89 白1叫吃,而黑2提掉四颗白子之后的情形又将是怎样的呢?

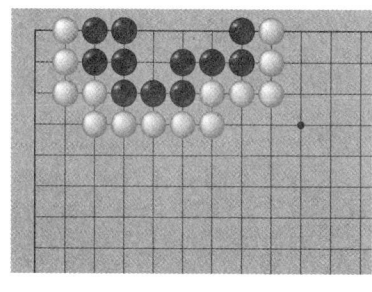

图5-88

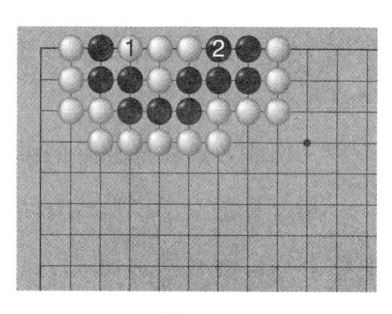

图5-89

图5-90就会变成丁四，白棋可在中央点眼杀死黑棋。

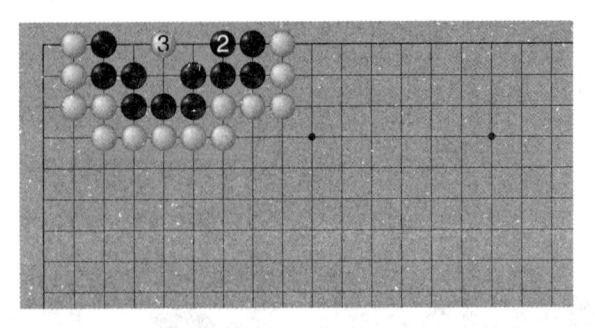

图5-90

"双活棋"是活棋中的一种方式，又称之为"共活""公活"或"两活"。中国围棋规则规定，"终局时，经双方确认，不能被提取的棋都是活棋。"因此，双活棋属于活棋的一种。日本围棋规则规定，"某一方的活棋所围住的空点称作'目'，目以外的空点称为'单官'。有单官存在的活棋称作'双活棋'"。

"眼"是连成一体的多个棋子所围成的一个或多个空白交叉点。一般来说，有两个或两个以上"眼"的棋是活棋。但没有两个眼但有气，双方终局时都不肯再着子紧气，也都同意不能从棋盘上拿走的棋，也是活棋，即双活棋。双活棋里有个潜规则，形成双活棋形的外围棋子是活棋。

最常见的双活棋形式有两种，一种是无眼双活，另一种是有眼双活。前者最少有两口公气，后者最少有一口公气。

05 接不归

接不归是最基本的提子技术之一。

例一

图5-91 此形,为救三个黑△,只有用接不归之法了。在不懂接不归时,下黑1用白2连接,最后黑子还是被提。

图5-92 下黑1不是"被提"而是"扑"。因为叫吃,只能下白2来提。

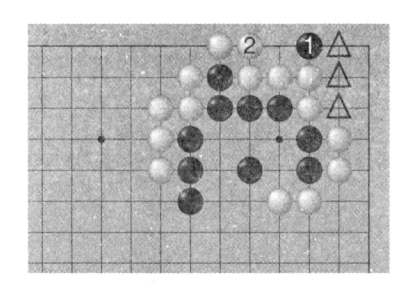

图5-91

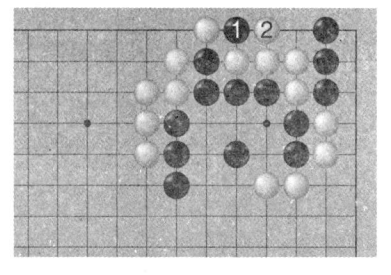

图5-92

图5-93 黑3叫吃。下白A的话,以黑B来提,或是下白B的话,以黑A提子。

接不归是指棋子在被对方叫吃时,因为自身存在两个或两个以上的断点无法同时连接上,而被对方吃死的棋形。反过来看就是,对方棋形断点太多,虽然我们无法直接去断,但是经过追击,形成对方来不及

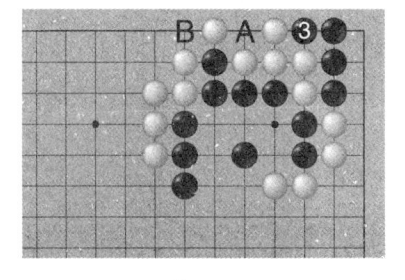

图5-93

连回的状态,造成对方一部分棋子被吃掉。

例二

接不归就是利用各种方法在对方逃跑的途中设置重重障碍,最后达到使对方无法"回归"大本营的目的。

图5-94 黑3打吃可吃掉白两子,如逃跑则成"接不归"的形状。

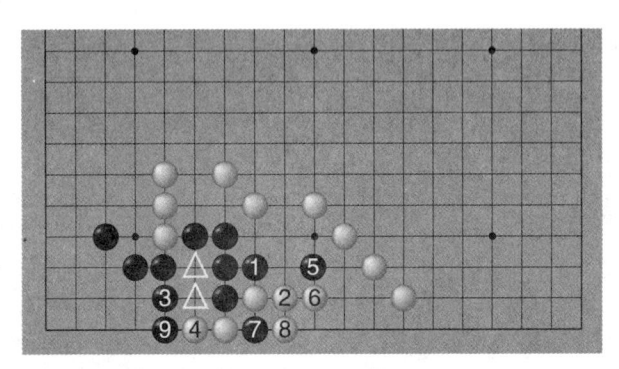

图5-94

图5-95 中的黑1打吃,白棋两子来不及连回而被吃,就叫吃"接不归",吃接不归的棋形在中央、边、角都有可能出现,而且形状也是千变万化的。

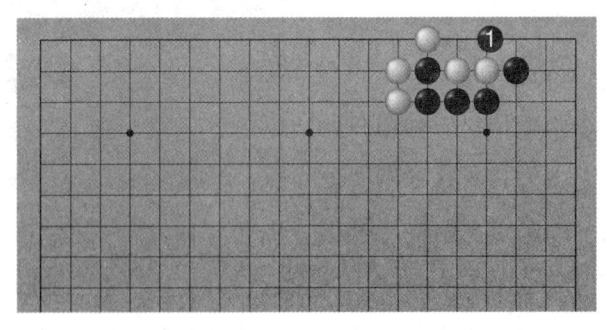

图5-95

图5-96 黑如何吃掉三颗白△子、救出自己两个子呢？如图所示，黑1长，白2连，黑3打吃，白4连，结果没吃到白子。

图5-97 黑1扑是正确的，白2提，黑3再打吃，白四子就被吃接不归了。

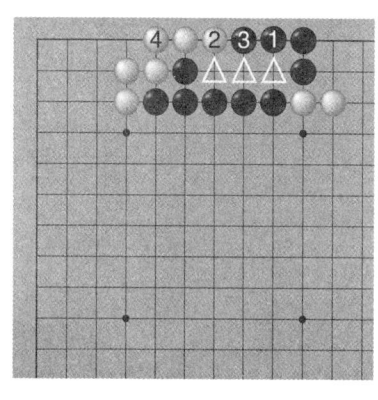

图5-96 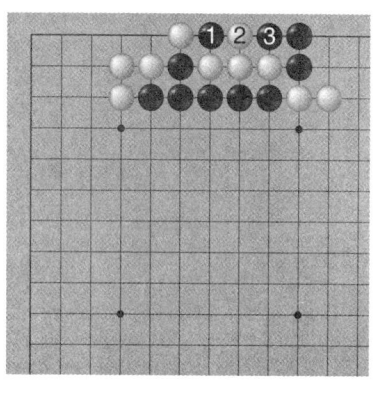　　　　　　　　图5-97

例三

图5-98 黑棋要怎样吃掉白△的棋子呢？

图5-99 黑1打吃，白2连，黑3提子。成功。

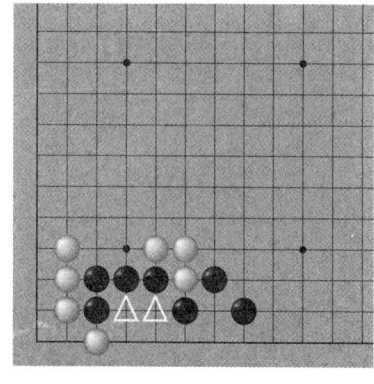

图5-98 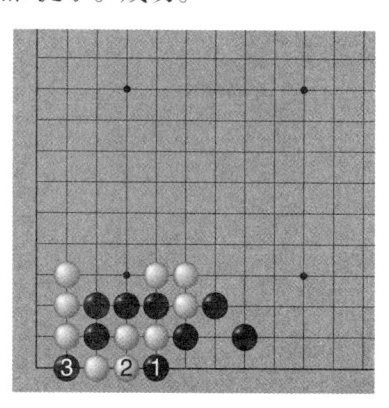　　　　　　　　图5-99

图5-100 因为白棋周围棋子较多，黑棋无法从上面直接逃出。失败。

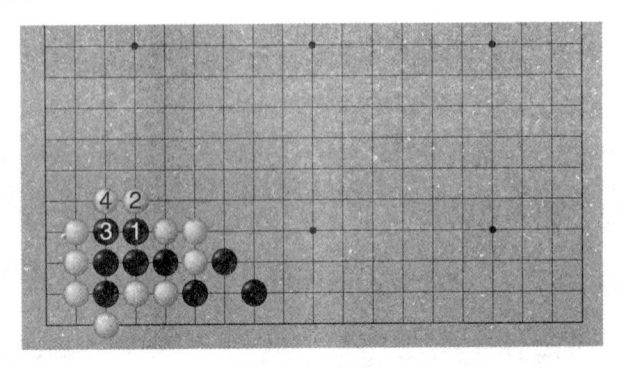

图5-100

例四

图5-101 白棋棋形不完整，有弱点，黑棋如何进攻白棋获取利益呢？

图5-102 黑1冲，白2渡过，黑3利用白棋断点和气紧的弱点打吃白棋，形成接不归棋形，白4只得放弃两子，黑5便可下在A位吃掉白两子。

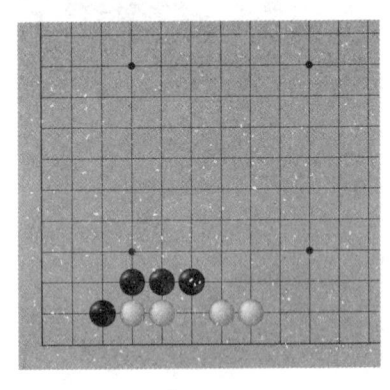

图5-101 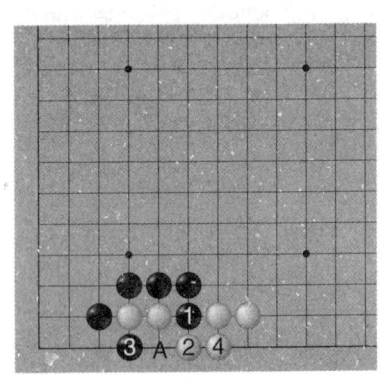   图5-102

例五

图5-103 黑棋被包围的七个子只剩下两口气,似乎很危险。其实不然,因为白棋的棋形中有两个断点,黑棋只要在1位打吃,白棋的六个子就无法在A位接回,成为接不归。白棋如果强行接,黑棋会在B位提,白棋死得更多。

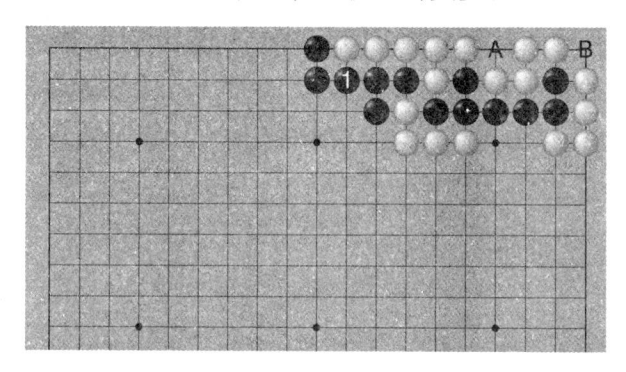

图5-103

图5-104 接不归还经常与扑组合使用。黑棋不吃掉白△四子就会崩溃,但如何才能吃掉呢?

图5-105 黑1先扑是正确的,白2提,黑3把白棋打成了接不归。

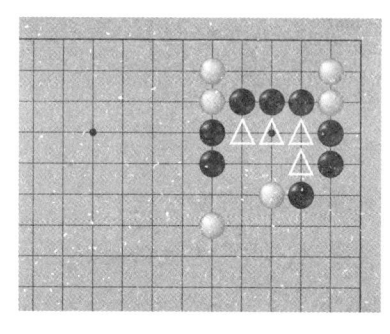

图5-104 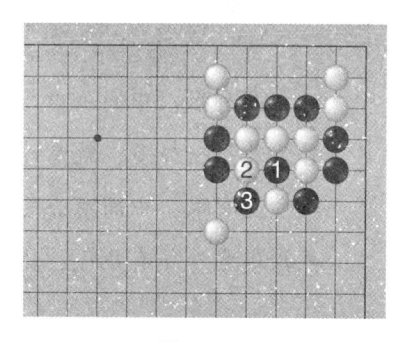　　　　图5-105

趣味链接

在明朝孝宗年间,称雄棋坛的是一个叫越九成的棋手。据说当时他进京下棋,就没有遇到过敌手,因此他的名声大震。

当孝宗帝知道后,就请人将他和京城名手一同召进皇宫下棋,赵九成用自己研究出的特殊招数,连连获胜,让一旁看棋的孝宗皇帝大开眼界,不禁叹道:"真国手也!"后来,孝宗皇帝还因此赐了越九成一个官职。

围棋口诀

略有委曲还可以,小目高挂二间夹,巧用妖刀很严厉。
对付妖刀有六法,最为常见是大飞,大跳小跳是正着。
一般不宜用小飞,外侧靠是可以走,内侧靠是小不利。
方朔偷桃一路尖,塞不进是最惹气,龟不出头要挖打。

围棋规则

双方没有眼,中间一口气,外气谁长谁胜利。
若是外气一样多,就看谁来先紧气。
双方没有眼,中间有公气,先算对方外气加公气;
再算我方外气有几气,轮到我走棋,少气吃他必无疑。

第六章　死活棋技巧

　　死活棋技巧非常之多，也难以分门别类，尤其有时并非是单一性，而是综合性的。面对死活棋问题时，不仅仅要着眼于每一个落子的位子，还要让自己的每一步着手都与前子暗合，如此才能形成大势，让棋局朝着对自己有利的方向推进。但是这些并不容易做到，因此就需要我们掌握其中技巧，如此才能在死活问题中游刃有余，取得优势与胜利。

01 一路的妙手

死活棋问题大多数出现在角上,还有在边上的,在中腹的却是为数不多。围棋角上的二一路和边上的一路是死活棋问题的基础地区,我们可以用各种各样的绝妙手段把它在棋局中表现出来。

一路上的妙手大约有六种:跳、尖、立、点、飞、并,其中跳和尖在死活问题中出现得最多。下面我们来具体了解一下:

1. 一路跳

图6-1是很典型的死活问题,在实战中想凭思考而得出答案几乎是不可能的。黑先,怎样杀死白棋呢?

图6-2 黑1一路跳,妙手。此着若2位立,被白5位跳,则无法杀死白棋。以下至黑5渡简单连回,白棋则被杀死。

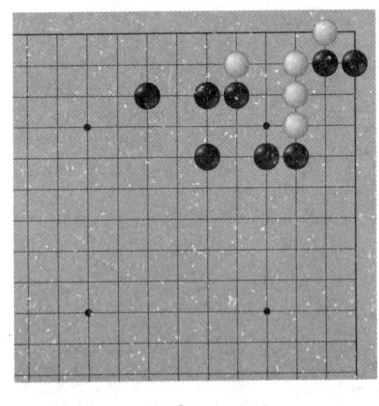

图6-1 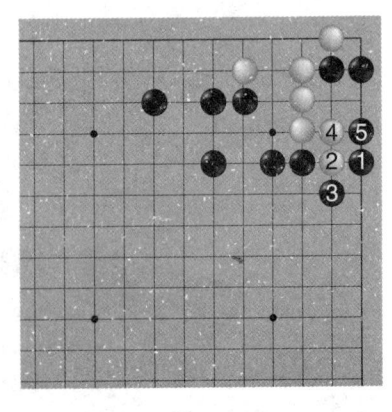　　　　　　图6-2

2. 一路小尖

图6-3 此棋形，黑先，第一手很容易下，但是之后又该怎样杀白呢？

图6-4 黑1点入，为必然。白2粘时，黑3于一路小尖，亦为妙手。

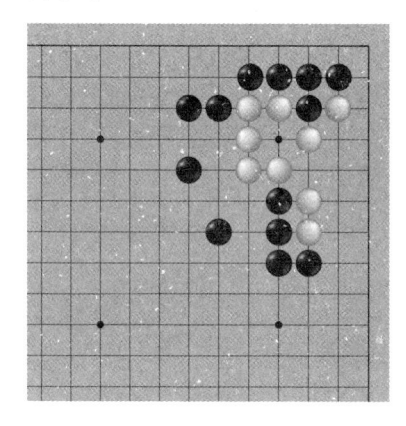

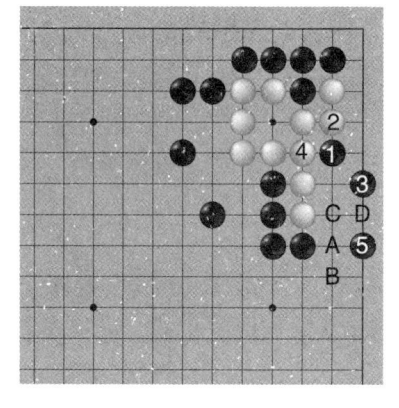

图6-3　　　　图6-4

图6-5 黑1尖时，如果白2拐，黑3挡，再黑5断，皆可以绝杀掉白棋。

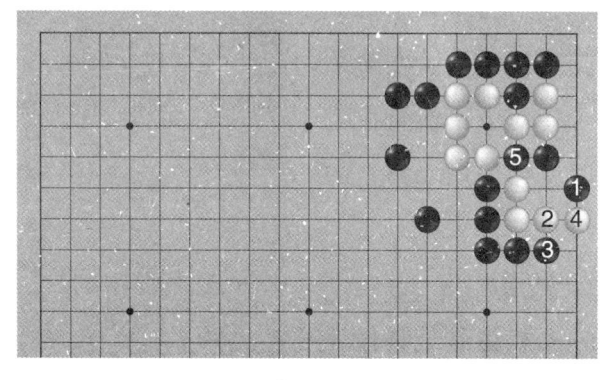

图6-5

对于一路小尖的妙手，所形成的死活问题有很多，也极有趣味，想来只要认真探索，一定会经常有所发现。

3. 一路立

图6-6 黑棋眼位狭小，黑先，怎样才可以做活呢？

图6-7 黑1长、黑3一路立为妙手，使黑7成为先手，至黑9作眼止，黑棋则净活。

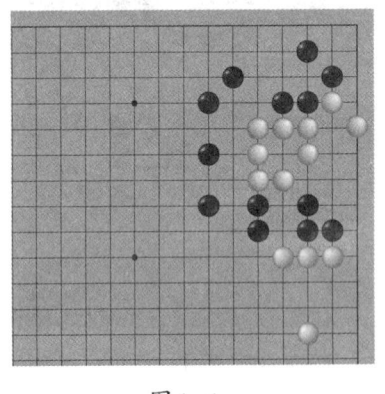

图6-6　　　　　　　图6-7

一路立的妙手，其实在实战中应用得并不多，它的主要作用是为了让对方多费手数，进而达到活棋目的。在对杀中，为了使对方不能直接紧气，有时就会采用一路立的手段。

4. 一路点

图6-8 棋形是最具代表性的死活问题，类似的棋形

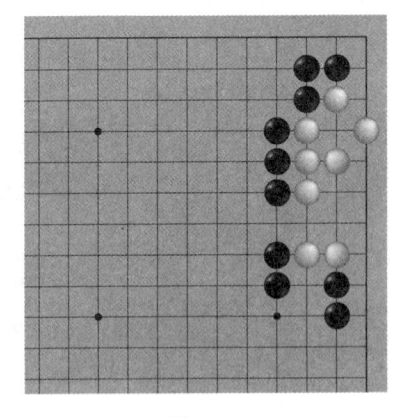

图6-8

也很多,在实战中就常常能够下出来。那么黑先,怎样杀死白棋呢?

图6-9 黑1一路点为妙手,白2阻渡,黑3立,白棋则被杀死。

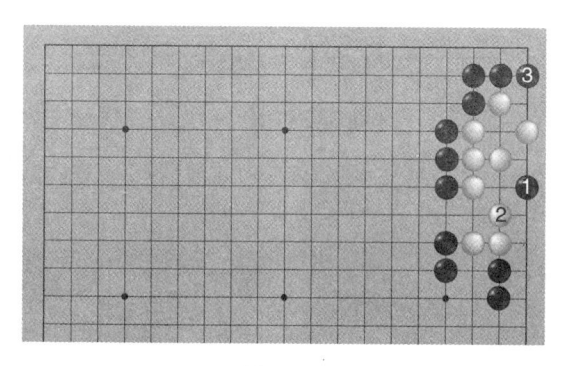

图6-9

点眼为杀棋的基本手段,所以只要出现类似的棋形,我们的脑子里就应该立即反应出来。

5. 一路飞

图6-10 黑先,应该怎样杀死白棋呢?

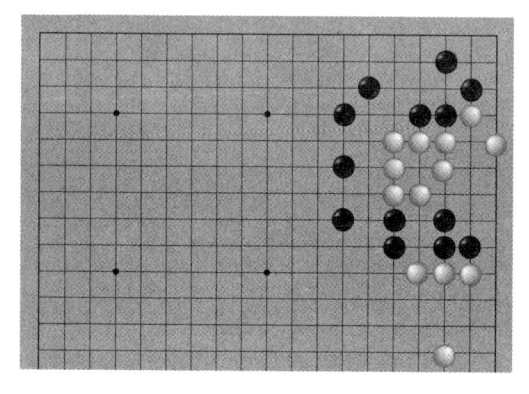

图6-10

图6-11 黑1小飞为妙手，白2顶，黑3立是相关联的好手，至黑5退，白棋则被杀死。

图6-12 此棋形在实战中会偶尔碰见，黑先，该怎样杀死白棋呢？

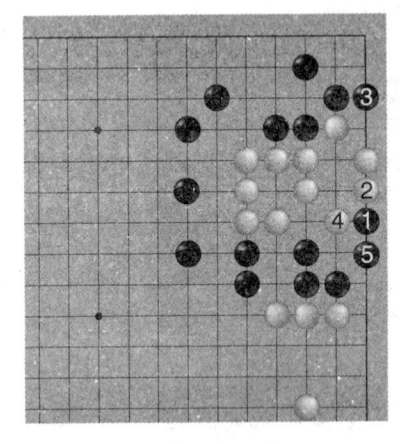

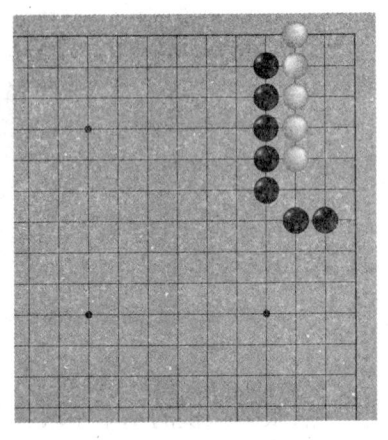

图6-11　　　　　　　图6-12

图6-13 黑1大飞、黑3点，白棋立即死。

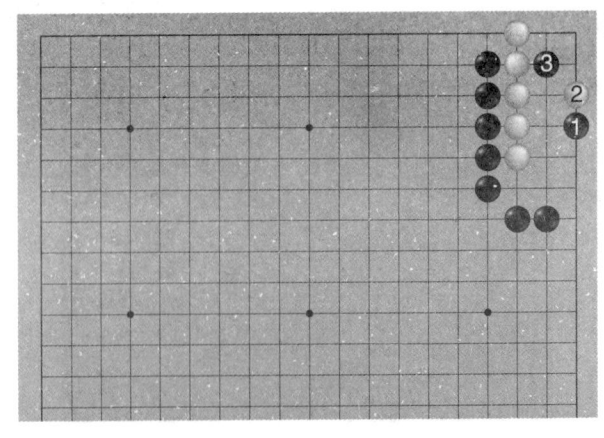

图6-13

在一路飞时，有小飞和大飞两种，在死活问题中却是并不多见，但是出现时，就务必要分析是应小飞还是应大飞了。

6. 一路并

图6-14 棋形是一个很有名的死活问题，黑先，应该何种下法呢？

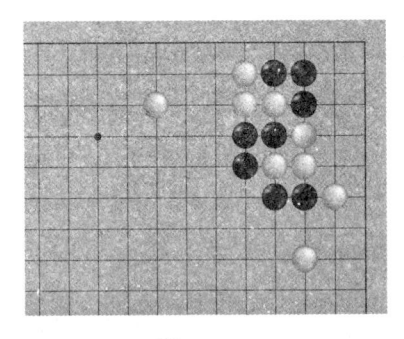

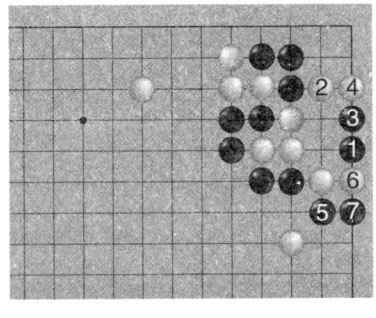

图6-14　　　　　　　　图6-15

图6-15 黑1点，黑3一路并是绝妙好手，以下至黑7挡止，白棋已被杀死。

图6-16 若黑在1挡则为败着，当白2扳、白4断时，黑棋将会难以应付。

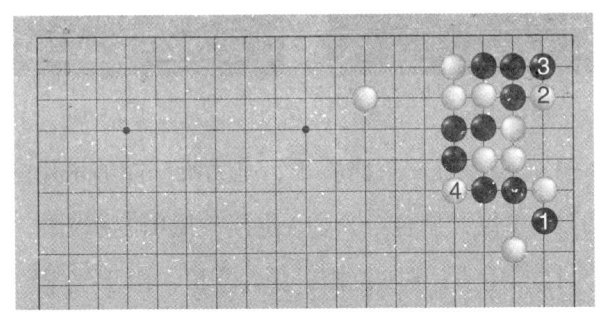

图6-16

一路并的妙手只有极少的例子,但是每一手都是绝妙之手,正因为它的绝妙,想创作这种棋形是极为困难的。没有研究过这类妙手的人,是绝对下不出来这种一路并妙手的。这个棋形在我国古代名著中还有一个很有诗意的名字——海底捞月。

7. 一一路的妙手

这种死活问题极为困难,因而也就很少,由于它的棋形固定,所以一看便知是应该施发一一路的妙手,它多数出现于对方气已经撞紧之时。

图6-17 黑先,可否杀死白棋呢?

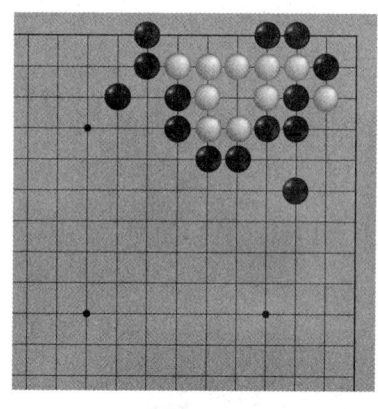

图6-17 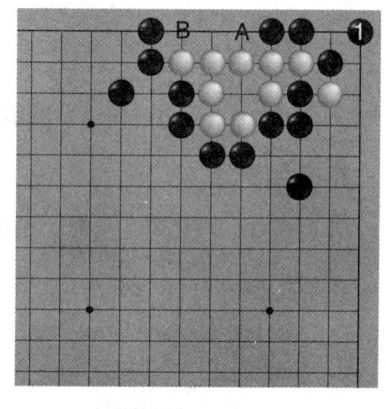　　　　　图6-18

图6-18 黑1下在一一路着子,是为唯一能够杀死白棋的妙手,以下A、B位"见合",白A位挡,黑B位拐破眼,白棋提两子成为打二还一;白B位挡,黑A位长,由于气紧,白棋是死棋。

8. 二一路的妙手

图6-19的棋形，在实战中时有出现，黑先，下在哪里才能做活呢？

图6-20 黑1挡，扩大做活空间，白2、4冲点，黑棋被杀。

图6-21 黑1下在二一路是妙手！这样，使A位形成一个完整的眼而成活。

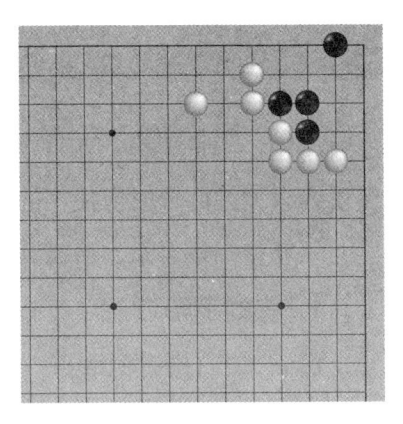

图6-19

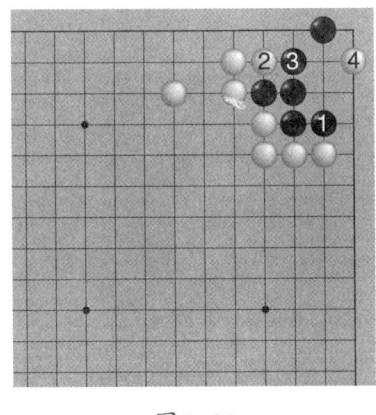

图6-20 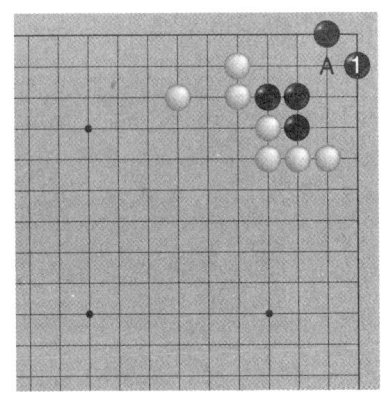　　　　图6-21

围棋对局时，死活问题很多都是在角上出现的，许多时候二一路将成为双方必争的焦点，因此必须考虑它的作用，并且要牢牢谨记。

02 各类手筋

手筋,围棋术语,大抵指"灵感之下的妙手"的意思,指棋手处理关键部分时所使用的手段和技巧。

手筋是围棋对杀、治孤等激烈对抗中所使用的各种妙手。

1. 夹的手筋

图6-22 白棋看似活棋,但仍有缺陷,黑先,用何种手段可以杀死白棋呢?

图6-23 黑1夹,绝妙!白2只得长,黑3扳、黑5打、黑7粘,白棋则被杀死。

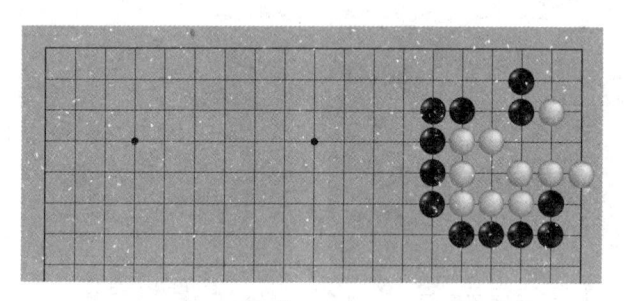

图6-22

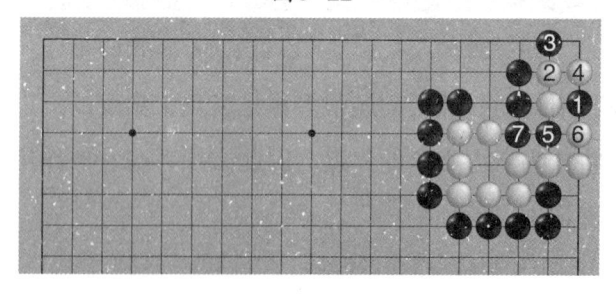

图6-23

2. 靠的手筋

图6-24 于实战经常能够遇到，黑先，怎样杀死白棋呢？

图6-25 黑1为靠的手筋，以下至黑9止，白棋被杀。

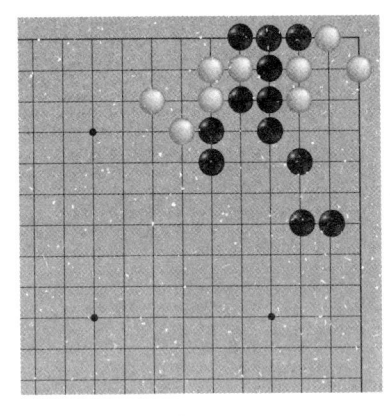

图6-24 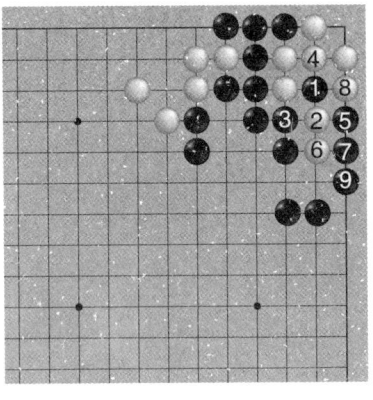　　　　　　图6-25

3. 跨的手筋

图6-26 棋形为实战常见形，黑如A位粘，白B位长，黑棋难以两全，黑先，何种下法可以做活呢？

图6-27 黑1跨是此图的手筋，黑3断、黑5打，先手补断后再黑7提，可做活。

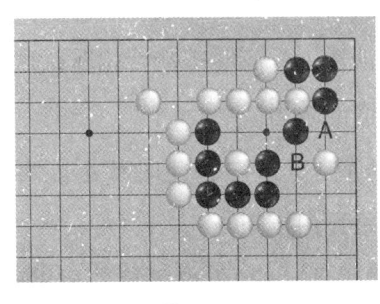

图6-26 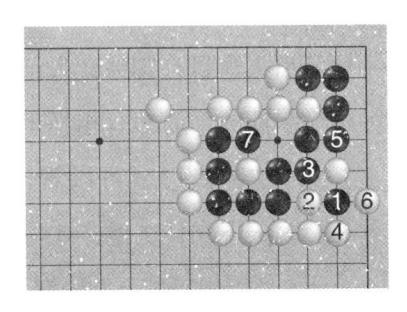　　　　　　图6-27

4. 挖的手筋

图6-28 棋形，黑棋于角上做活已无可能，但是白棋棋形也不完整，黑先，是否有方法做活呢？

图6-29 黑1挖为手筋，至黑5接止，白三子已被吃接不归，黑棋净活。

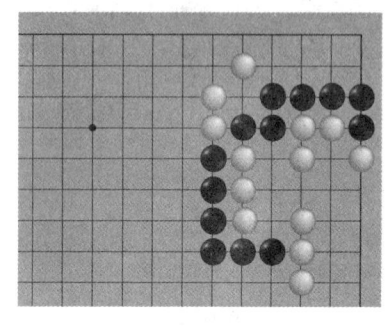

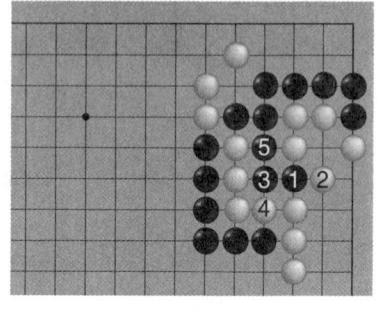

图6-28　　　　　图6-29

诸如夹、靠、跨、挖等类似的手筋还有很多，而且这些手筋也不仅限于在死活问题中使用，在实战中的其他场合，也应用极广。

5. 不像手筋的手筋

通常，手筋才是破眼的首要目标，因此，不像手筋的位置一般不引人注目，容易让人记忆淡漠。但有时却恰恰相反，这种不像手筋的手筋却有相当于手筋的效力。

图6-30 棋形，可以看出是A位点杀白，此时却不能奏效。黑先，下在什么地方才可以杀死白棋呢？

图6-31 黑1碰，实在是不像手筋，白2不得已接，至黑3长、黑5立，再黑7挡，白8只好接，至黑9扳，白棋被杀死。

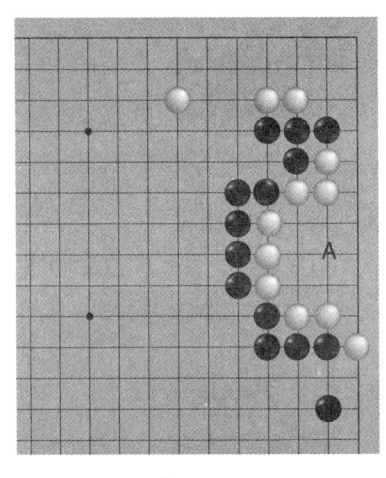

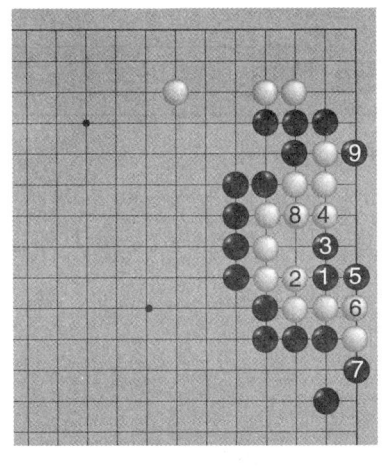

图6-30

图6-31

图6-32 黑1点，看上去是手筋的位置，但此时却是杀不死白棋，至白8止，黑棋则失败。

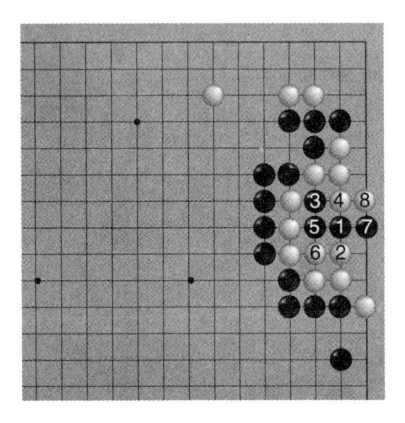

图6-32

在围棋死活棋的问题中，这种地方很容易出现盲点，即使是职业棋手常常也会失误，往往凭直觉下错着，察觉不到这类的手筋。

03 利用外围棋子的关系

我们在考虑死活问题的时候，把外围的棋子予以考虑并加以利用，这对作战是极为有益的。同时，这也会在无形之中，使我们考虑的范围增加，难度也增加，棋力自然也会随之而提高。

图6-33 棋形在实战中时常能够见到，从局部而言，黑棋角地已无法做活，但是在外围有黑△两子的关系，黑先，可否做活呢？

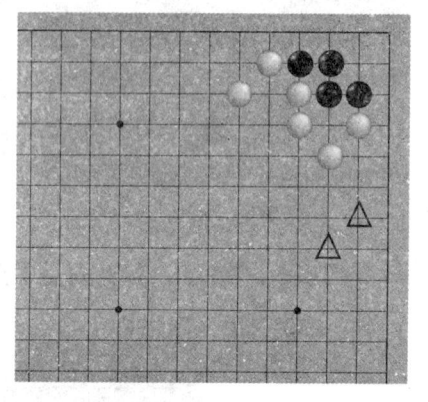

图6-33

图6-34 黑1立，角中A位即可做活，白2扳，不让黑棋做活，黑3夹为好手，下至黑9提止，黑棋已成为活棋。

图6-35 白4接时，黑5渡过，白6打，黑7接，白棋已无法切断黑棋与黑△两子之间联系，黑棋仍是活棋。

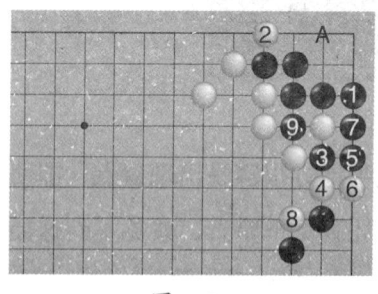

图6-34

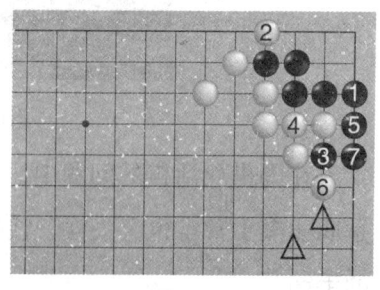

图6-35

图6-36 在实战中常有类似的棋形出现,就局部而言,黑角上四子已经死了。但是由于外围黑两子的存在,若黑先下,黑棋能否做活呢?

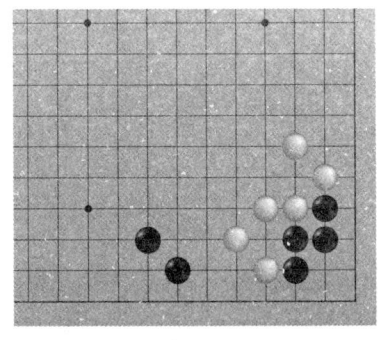

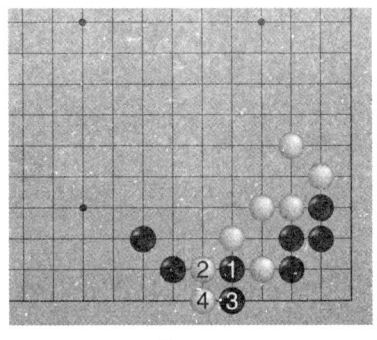

图6-36　　　　　　图6-37

图6-37 黑1直接挤,显然不行,白2打吃,黑3立,白4再打吃,黑两子无法逃脱,黑棋失败。失败原因是因为黑棋几乎是在单打独斗,外围两子完全没有利用上。

图6-38 为一路立的手筋,在实战中常常有着起死回生的作用。本图的黑1立,即扩大眼位,延气,更是有了接应,白2扳无奈。

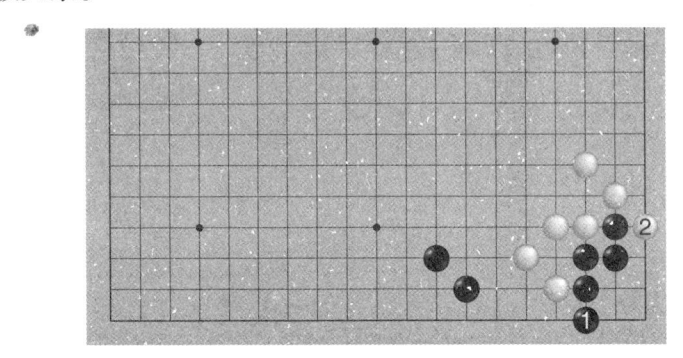

图6-38

图6-39 接上图,黑3挤,白4打吃,由于黑两子的存在,白8只能选择补棋,至黑9,黑棋吃一子成活。

图6-40 若黑挤时,白4接,则黑5渡回,白6打吃,黑7再接,白棋无以为继,还是失败。

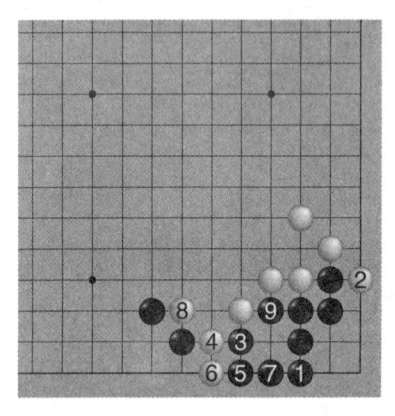

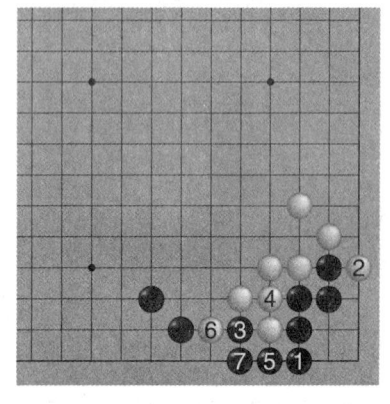

图6-39

图6-40

围棋对局的死活问题,往往只是局部的。但是实战中的死活,很多时候却是与外围有关联的。所以实战中的死活,更需要与周围棋子的攻防联系在一起。那么,这就需要一开始就要有一些整体构思。

第六章 死活棋技巧

04 间接反击

围棋中,有绝大多数死活问题,都是直接攻击去解决的。间接进攻的手筋是指不直接接触对方,而攻击对方的隐蔽之处。这也是一种重要的下法,尤其是出现在死活问题中,显得更有意思。在实战中出现这种情况,常常会令棋手失误。

图6-41 棋形为对杀问题,黑先,何种下法才可以杀死白棋呢?

图6-42 黑1立,为间接攻击的好手,攻击白棋效果显著。此时对杀是取胜的唯一手筋,接下来至黑5接止,结果是黑棋杀死白棋。

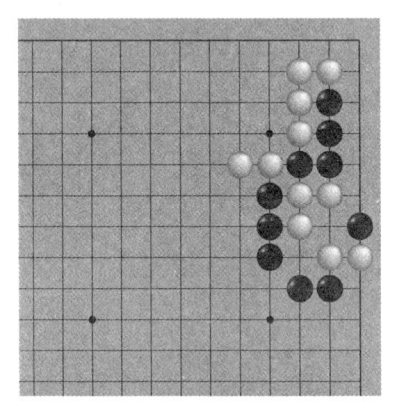

图6-41 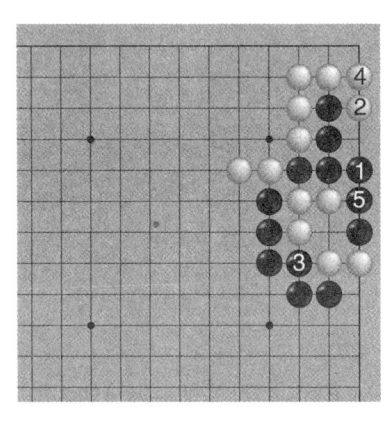　　　　　　图6-42

05 角上的特殊性

角上的端点又叫作死角,一般是不会在此下子的。但是由于角端又有其特殊性,即构成了这类死活的问题。因此,它在实战中的应用却是相当广泛,多多加以练习,对我们的棋艺会大有裨益。

图6-43 棋形为黑二子与白四子对杀,很明显,黑棋两气,而白棋三气。黑先,怎样可以杀死白棋呢?

图6-44 黑1立是利用角上特殊性的好手,白棋由于必须在4位接一手之后才能紧气,黑5断又使黑棋延长一气,至黑9打止,白棋被杀。

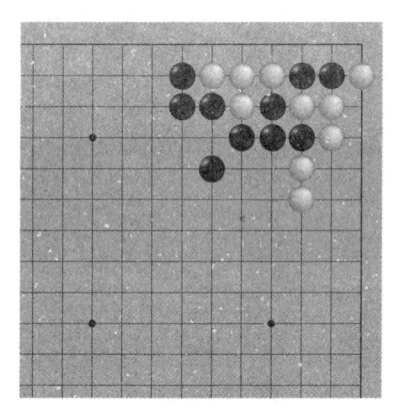

图6-43 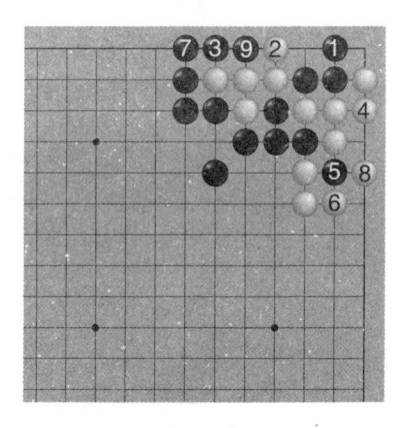　　　　　　　图6-44

06 弃子的妙用

当一盘棋无法独立做活时,利用弃子做活是非常重要的手段之一,但是,在利用弃子做活的同时,往往要伴随着寻找对方弱点和讲究行棋次序,这需要我们多多注意。

例一

图6-45 实战中应用范围极广,黑先,应该如何下呢?

图6-46 黑1挡,白2打时,黑3立是弃二路上两子的基本形,然后,黑5打,白6提。

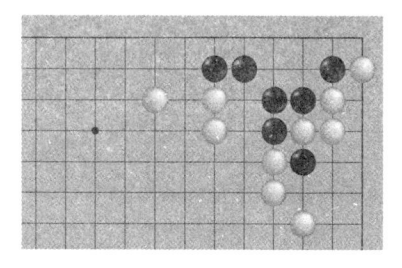

图6-45

图6-46

图6-47 黑1扑、黑3接,白棋则被杀。

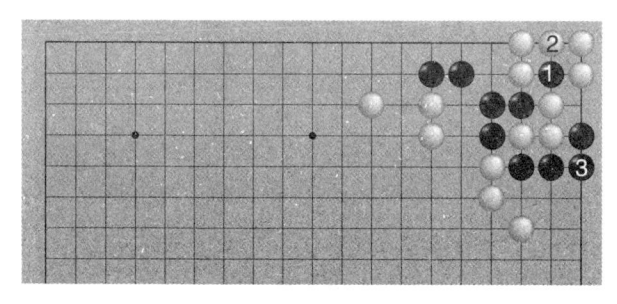

图6-47

这种于二路上弃子的下法，主要是为了对杀时缩短对方的气，它不仅出现在角上，边上也有出现，都是大同小异，对此形的正确判断，往往可以让我们在对杀时扭转局势。

例二

图6-48 黑棋先，如何下才能做活呢？

图6-49 黑1立是利用弃子做活的手筋。弃掉黑1子，使黑3打变为先手，当白8吃时，黑9打又是先手，至黑11做眼，得以活棋。

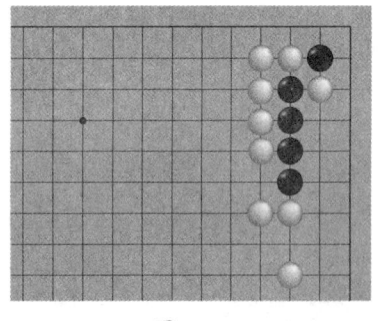

图6-48

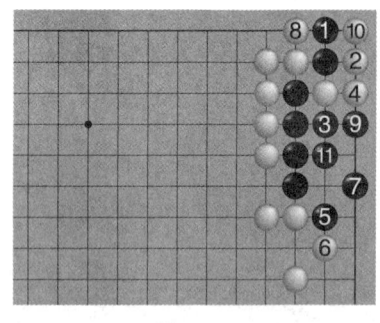

图6-49

图6-50 黑1打，白2也打，黑3提，行至白8扑劫，黑棋不能净活。

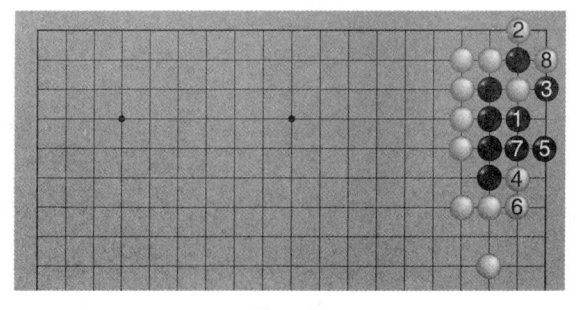

图6-50

第六章 死活棋技巧

例三

图6-51 棋形也是很著名的死活问题之一,若黑先,何种下法才能做活呢?

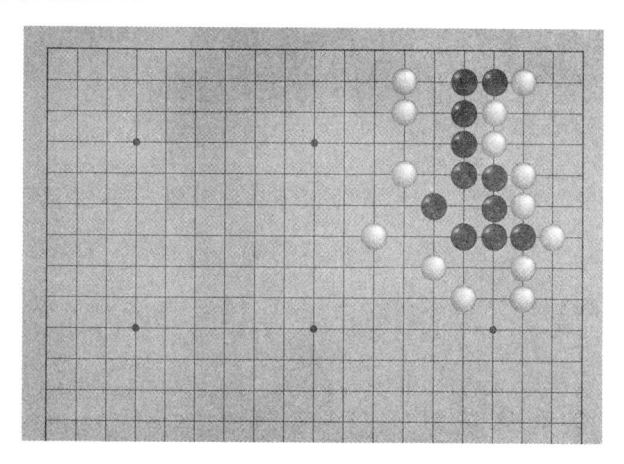

图6-51

图6-52 黑1断为好手,抓住了白棋弱点所在,白2打不得已,黑3打、黑5长、黑7扳是绝好的次序。至此,由于黑1一子的作用,白棋已经无法入气杀黑,黑棋巧妙成活。

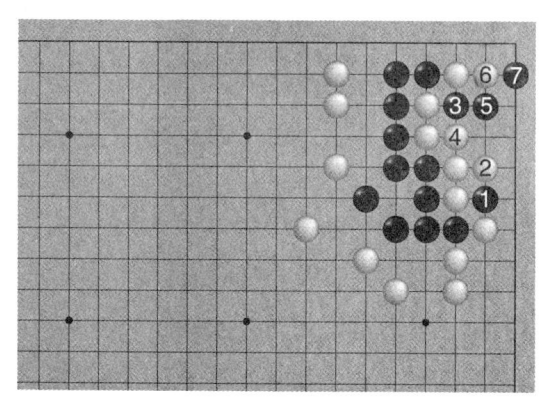

图6-52

趣味链接

南朝宋明帝刘彧的棋艺为二流水准,当时一流棋手最有名的是王抗。有一次,宋明帝和王抗对弈,宋明帝一"飞"露出极大破绽。王抗若无其事地在无关紧要地方落子,没有去"断"。

宋明帝反问道:"爱卿为何不在此处断一手?"王抗诚惶诚恐答道:"皇上飞棋,臣抗不能断。"此后,宋明帝更加热衷于下棋。

围棋口诀

镇消无忧是好棋,虎口遇扳常单退,虎口遇打常滚打。
虎口切断常虚跳,仙鹤伸腿能联系,棋向中腹争阳面。
两番收腹成效低,下子要避车后压,棋高一路力无比。
棋逢难处小尖尖,不好走处不走棋,敌之要点我要占。

围棋规则

先手便宜:觑与消;吃子手法:征与枷。
解消劫争须用粘,试探应手碰碰它。
杀棋常用点、扑、挤,大场分投慢慢下。
三十六计任我用,盘上谈兵分高下。